Einstern
leicht gemacht

1

Themenheft 3

⭐ Die Zahlen bis 20 ⭐ Zeit ⭐ Verwandte Aufgaben
⭐ Symmetrie ⭐ Verdoppeln und halbieren
⭐ Daten und Kombinatorik

Erarbeitet von Roland Bauer und Jutta Maurach

In Zusammenarbeit mit der Redaktion Mathematik Grundschule

Cornelsen

Inhaltsverzeichnis

1

‖‖‖ ‖‖‖ ‖‖‖				

| 11 | 12 | 13 | 14 | 15 |

16	17	18	19	20

★ Anzahlen durch 1:1-Zuordnung und Strichlisten bestimmen
★ Durchstreichen als Zählhilfe nutzen
★ Strukturen bei Bildern und Strichlisten nutzen

5

1

Immer 10 passen in einen Karton.

🥚
1	7

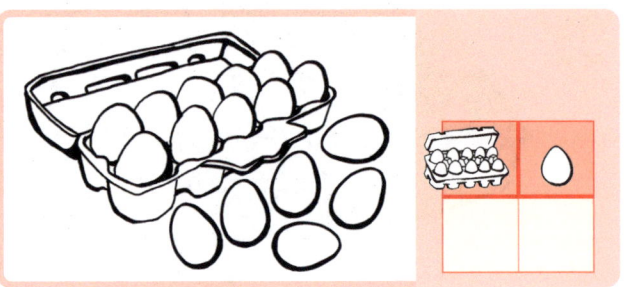

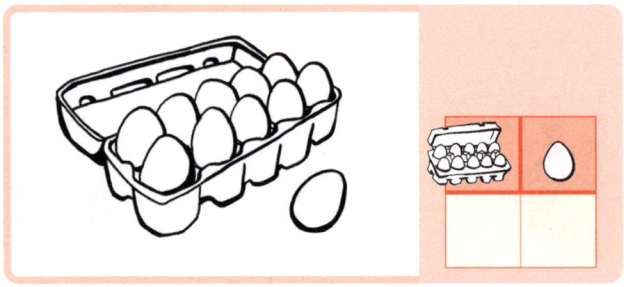

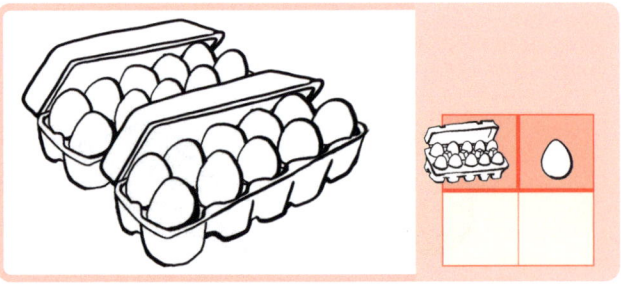

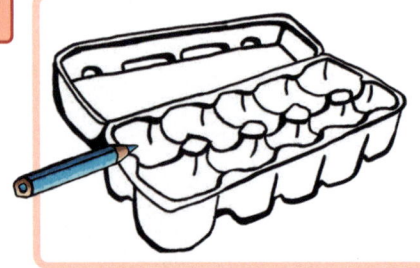

🥚
1	8

 **1**

2

 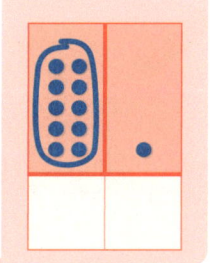

 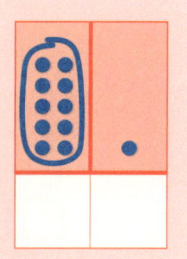

 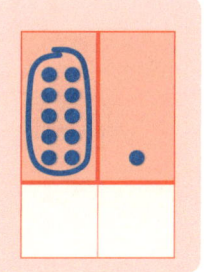

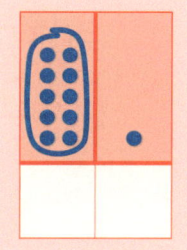

3

 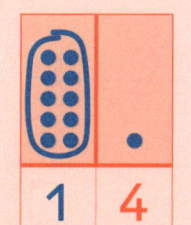

[1]

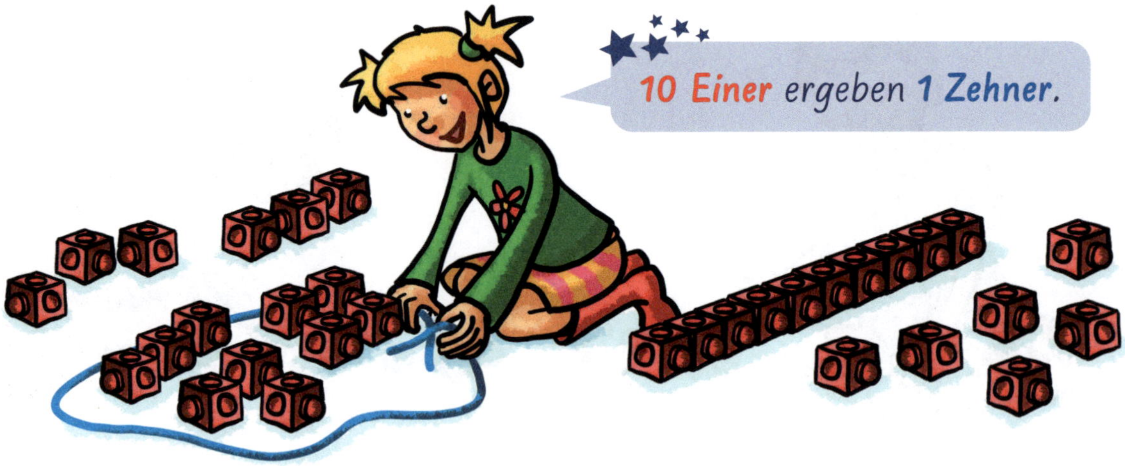

10 Einer ergeben 1 Zehner.

[2]

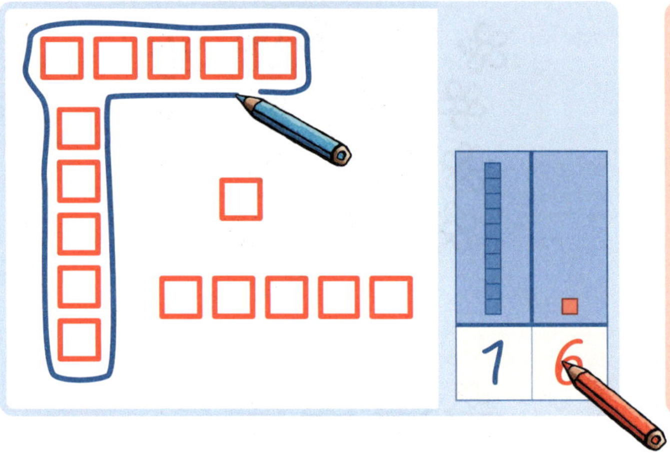

| | 1 | 6 |

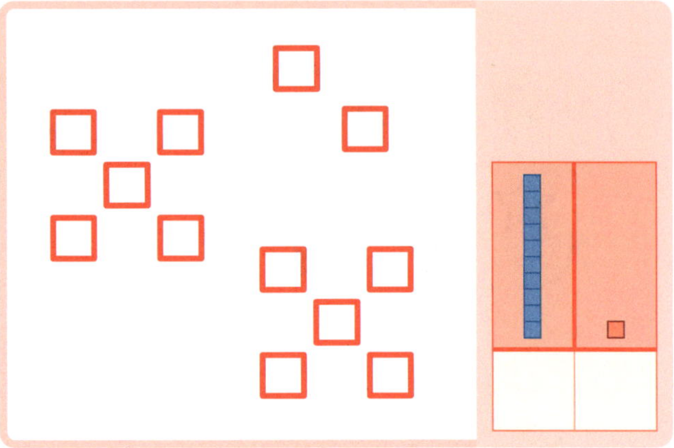

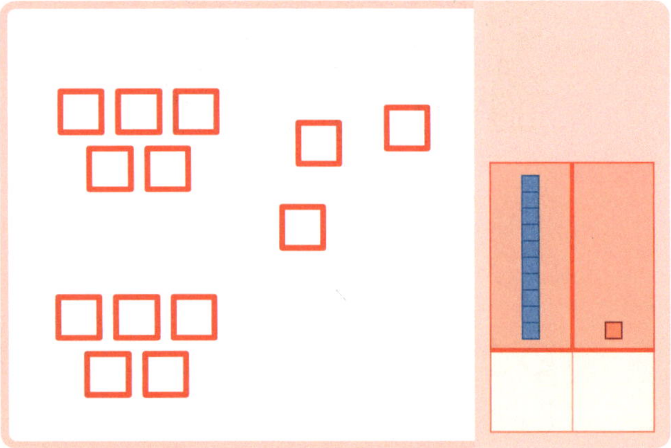

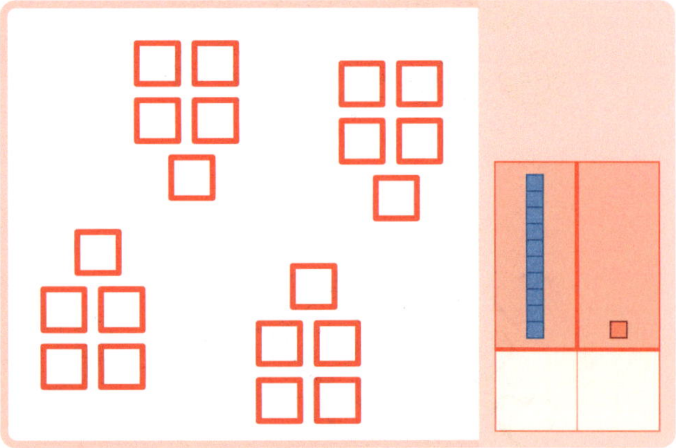

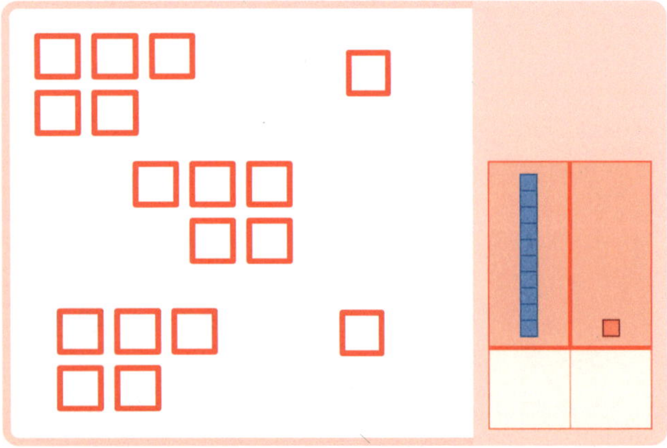

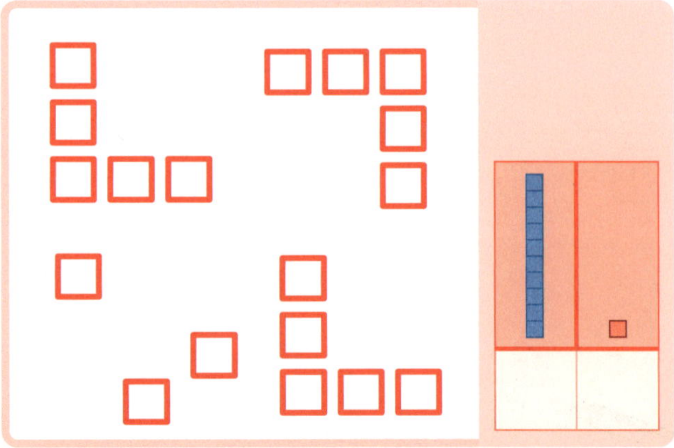

★ Anzahlen von ausgelegten Steckwürfen schätzen und zählen
★ Fünfer- bzw. Zehnerstruktur erkennen und als Zählhilfe nutzen
★ **SF:** Begriffe „Zehner" und „Einer" verwenden

1

1 Zehner und 6 Einer

2

13		▪
11		▪ ▪
14		▪ ▪ ▪
12		▪ ▪ ▪ ▪
16		▪ ▪ ▪ ▪ ▪
15		▪ ▪ ▪ ▪ ▪ ▪
17		▪ ▪ ▪ ▪ ▪ ▪ ▪
19		▪ ▪ ▪ ▪ ▪ ▪ ▪ ▪
20		▪ ▪ ▪ ▪ ▪ ▪ ▪ ▪ ▪ ▪
18		

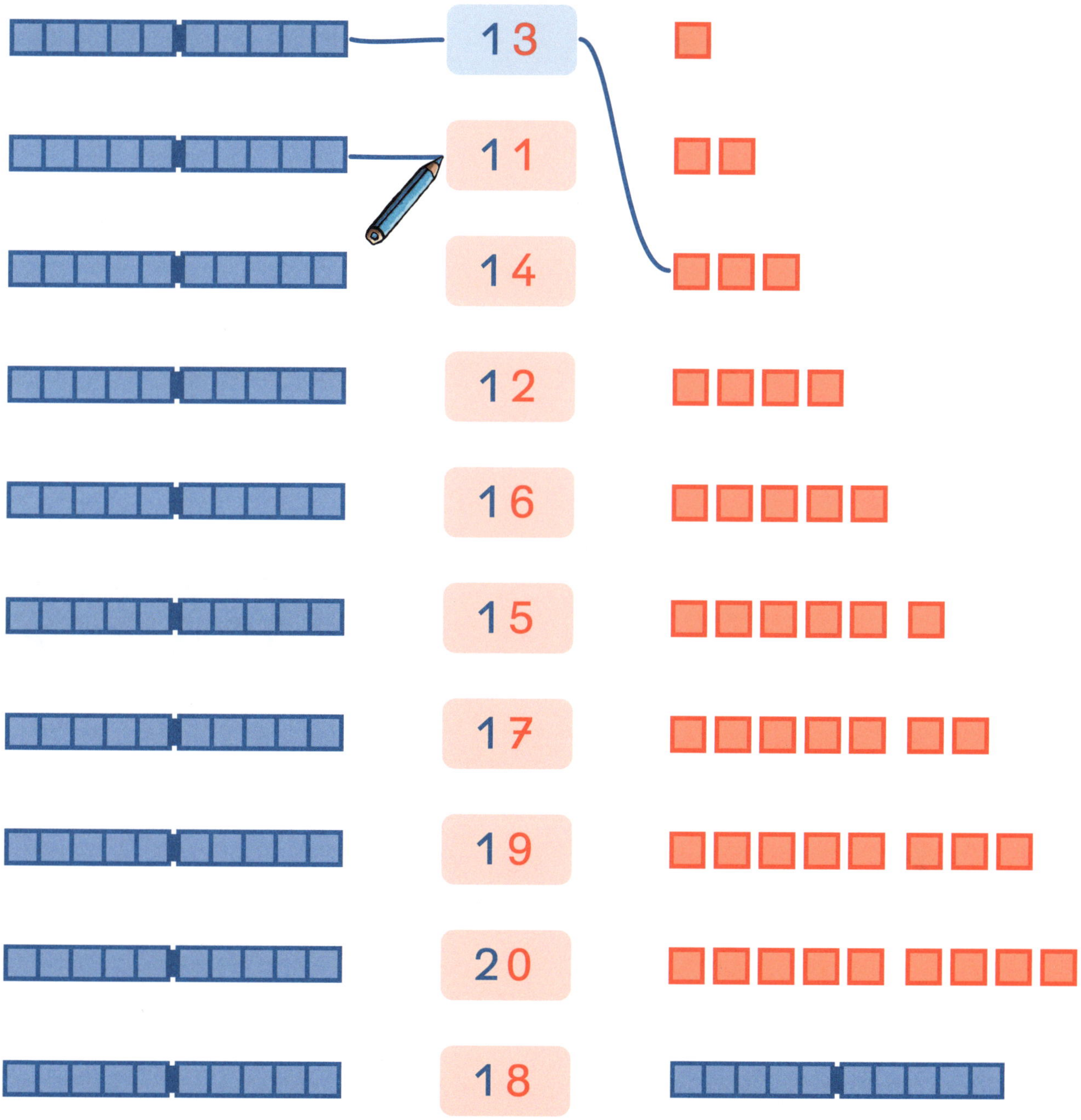

★ Zehner und Einer zu vorgegebenen Zahlen passend zusammenfügen
★ Zehner-Einer-Struktur bei vorgegebenen Zahlen erkennen

1 2 3
B

9

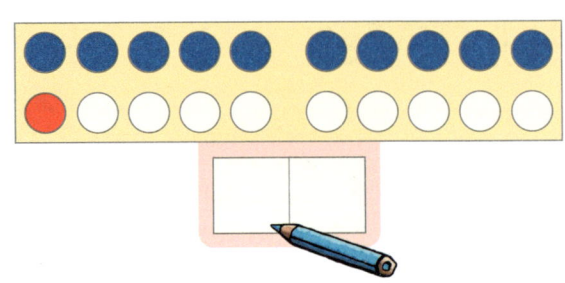

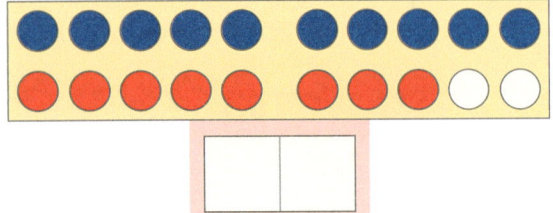

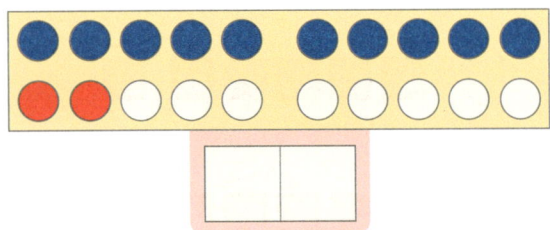

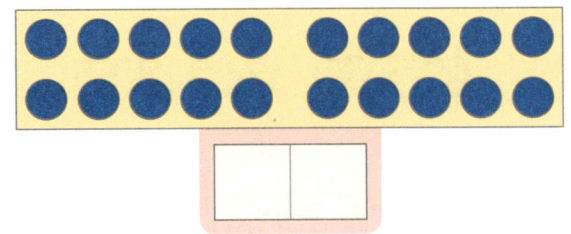

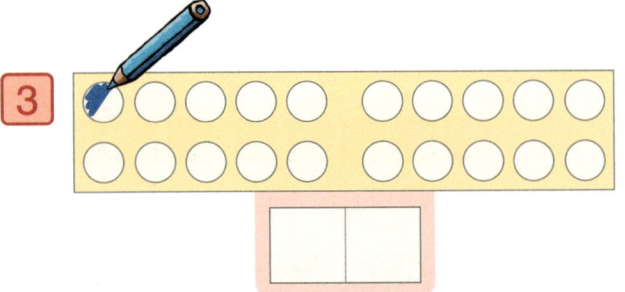

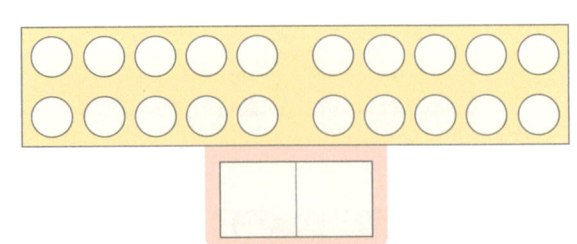

 B ÜH 31

★ Zahlen als Punktebilder im Zwanzigerfeld legen und zeichnen
★ SF: Begriff „Zwanzigerfeld" verwenden
★ Zahlen passend zum Punktebild notieren

1.

$$1\ 0\ +\ 5\ =\ 1\ 5$$

1 Zehner und 5 Einer

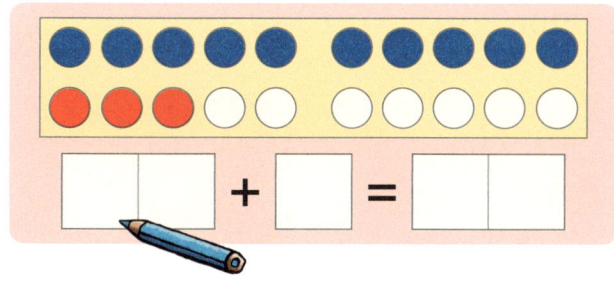

$$\boxed{\ \ \ }\ +\ \boxed{\ }\ =\ \boxed{\ \ \ }$$

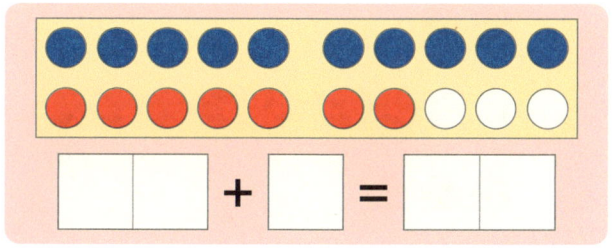

$$\boxed{\ \ \ }\ +\ \boxed{\ }\ =\ \boxed{\ \ \ }$$

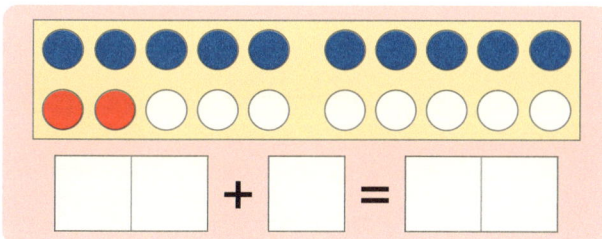

$$\boxed{\ \ \ }\ +\ \boxed{\ }\ =\ \boxed{\ \ \ }$$

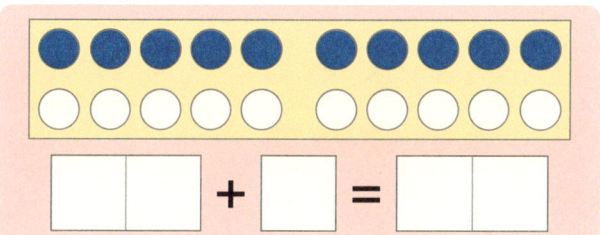

$$\boxed{\ \ \ }\ +\ \boxed{\ }\ =\ \boxed{\ \ \ }$$

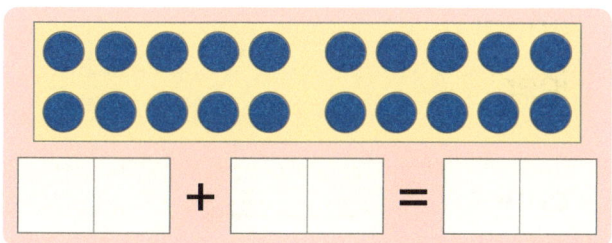

$$\boxed{\ \ \ }\ +\ \boxed{\ \ \ }\ =\ \boxed{\ \ \ }$$

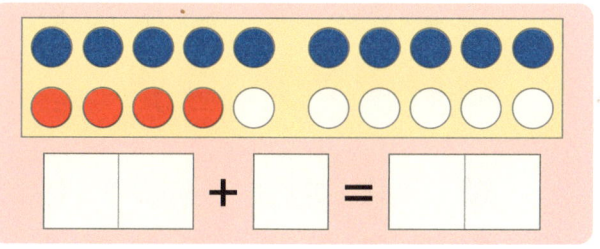

$$\boxed{\ \ \ }\ +\ \boxed{\ }\ =\ \boxed{\ \ \ }$$

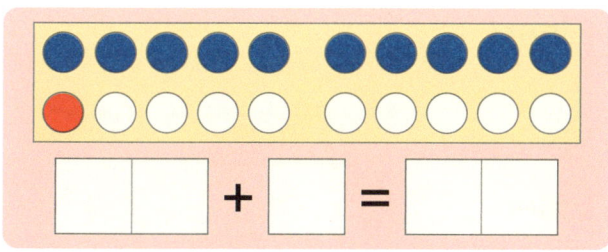

$$\boxed{\ \ \ }\ +\ \boxed{\ }\ =\ \boxed{\ \ \ }$$

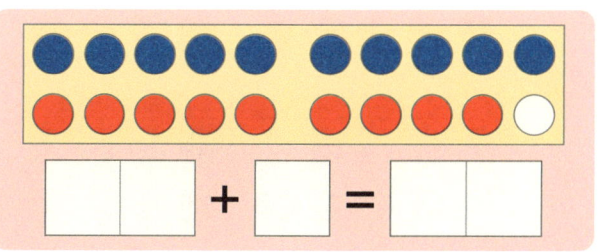

$$\boxed{\ \ \ }\ +\ \boxed{\ }\ =\ \boxed{\ \ \ }$$

★ Zahlen aus Zehner und Einern zusammensetzen
★ ggf. auch am Zwanzigerfeld legen
★ Zehner-Einer-Struktur als Plusaufgabe notieren

B

11

elf

die Stellentafel

Z	E

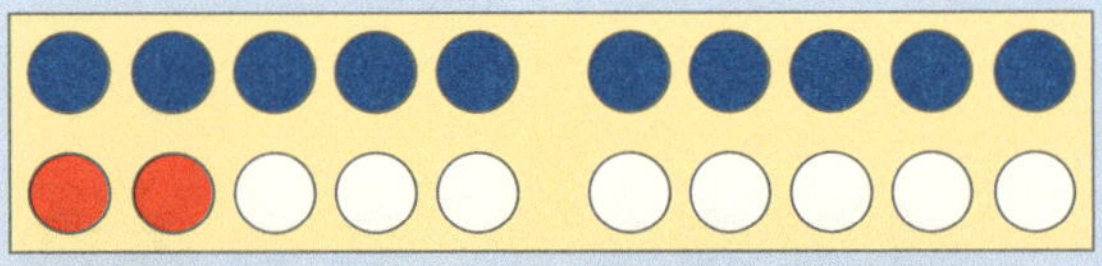

2

			Z	E		Z	E
⬤⬤⬤⬤⬤ ⬤⬤⬤⬤⬤ 🔴🔴⚪⚪⚪ ⚪⚪⚪⚪⚪	1 Zehner	2 Einer	1	2		1	2

			Z	E			
	1 Zehner	3 Einer					

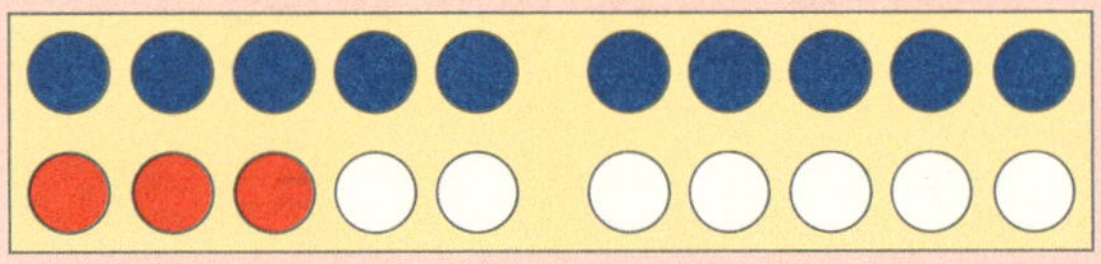

			Z	E			
	1 Zehner	4 Einer					

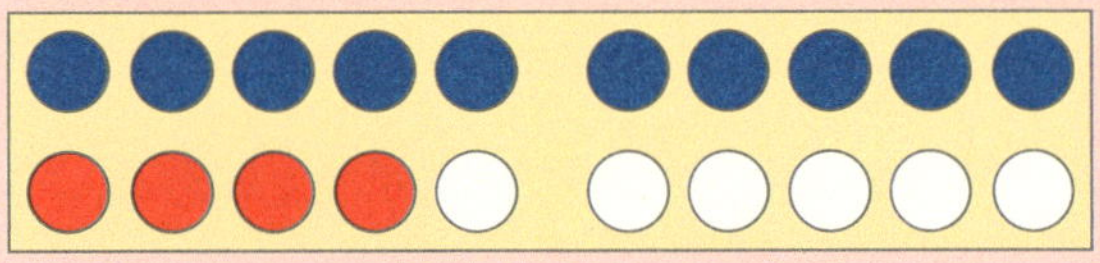

			Z	E			
	1 Zehner	5 Einer					

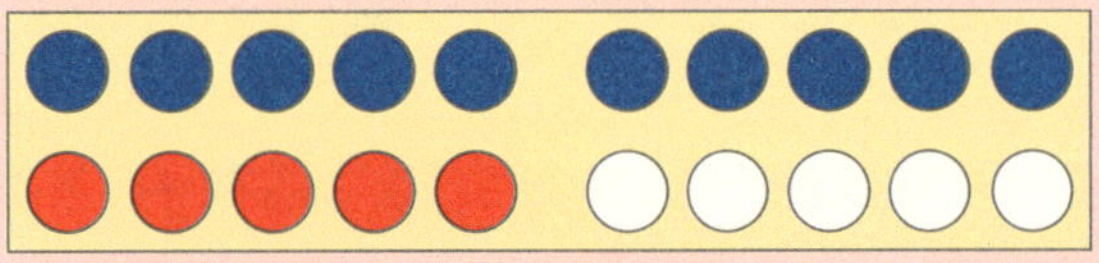

			Z	E			
	1 Zehner	6 Einer					

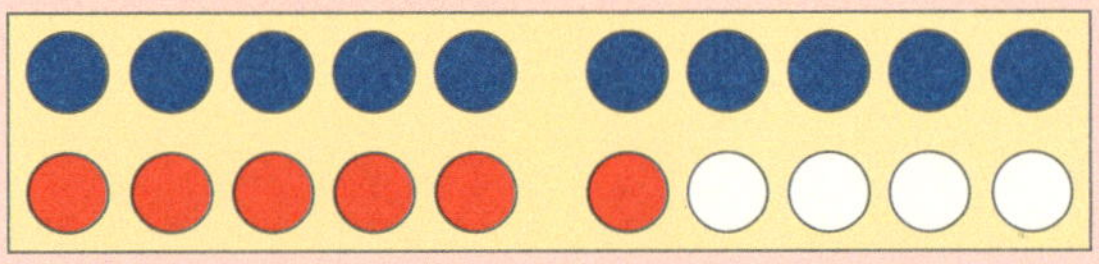

			Z	E			
	1 Zehner	7 Einer					

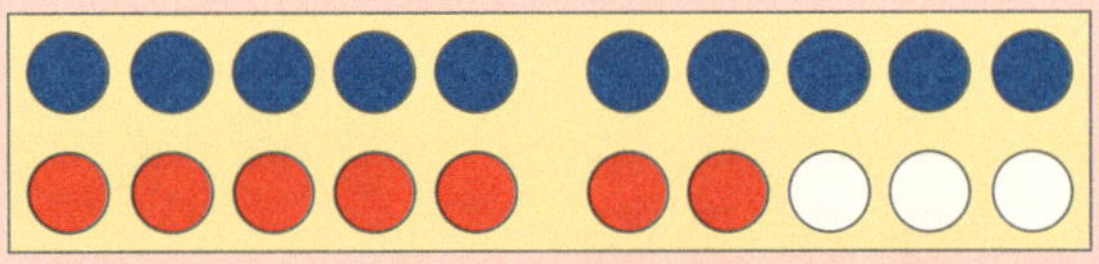

			Z	E			
	1 Zehner	8 Einer					

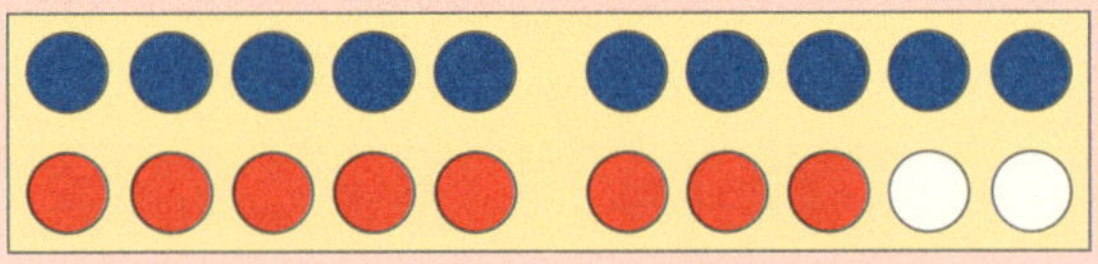

			Z	E			
	1 Zehner	9 Einer					

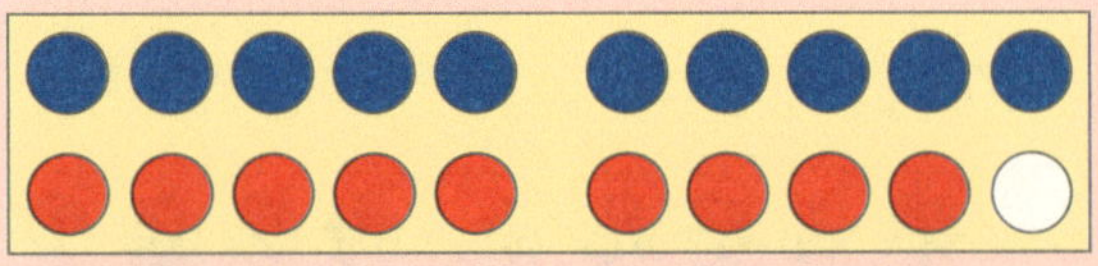

			Z	E			
	2 Zehner	0 Einer					

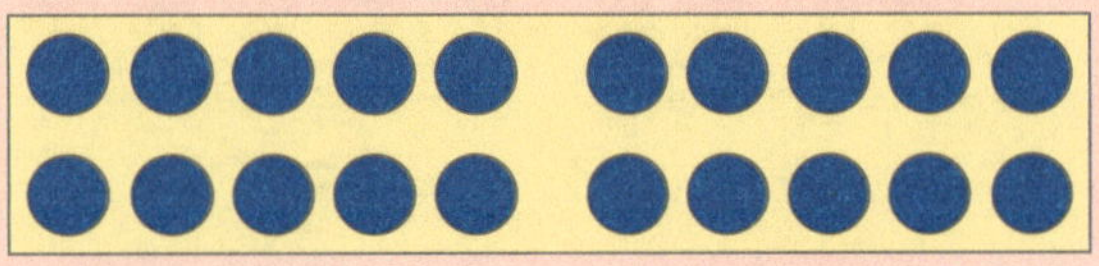

B

D 40

★ Zehner-Einer-Struktur in die Stellentafel übertragen
★ SF: den Begriff „Stellentafel" verwenden
★ SF: Zahlwort sprechen ★ SF: Besonderheiten bei der Sprechweise erkennen

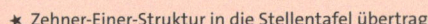

1

Z	E
1	1

$$11 = 10 + 1$$

Z	E

$$16 = \boxed{} + \boxed{}$$

Z	E

$$\boxed{} = \boxed{} + 2$$

Z	E

$$\boxed{} = \boxed{} + \boxed{}$$

Z	E
1	4

$$\boxed{} = \boxed{} + \boxed{}$$

Z	E

$$\boxed{} = \boxed{} + 7$$

Z	E

$$13 = \boxed{} + \boxed{}$$

Z	E

$$\boxed{} = \boxed{} + \boxed{}$$

★ verschiedene Zahldarstellungen ineinander überführen

2 Zahlen vergleichen

13 < 16	15 = 15	18 > 12
13 **ist kleiner als** 16.	15 **ist gleich** 15.	18 **ist größer als** 12.

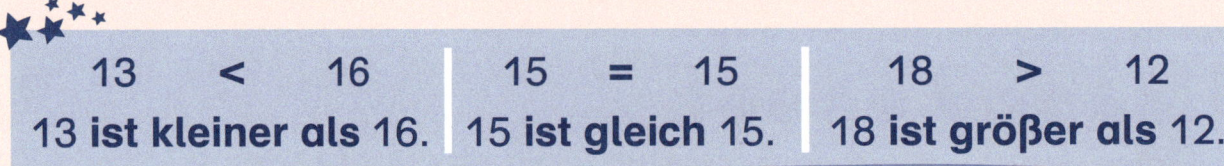

🖐 ☐1

★★★
12 ist kleiner als 15.

12 < 15

18 10 16 17 20

☐2

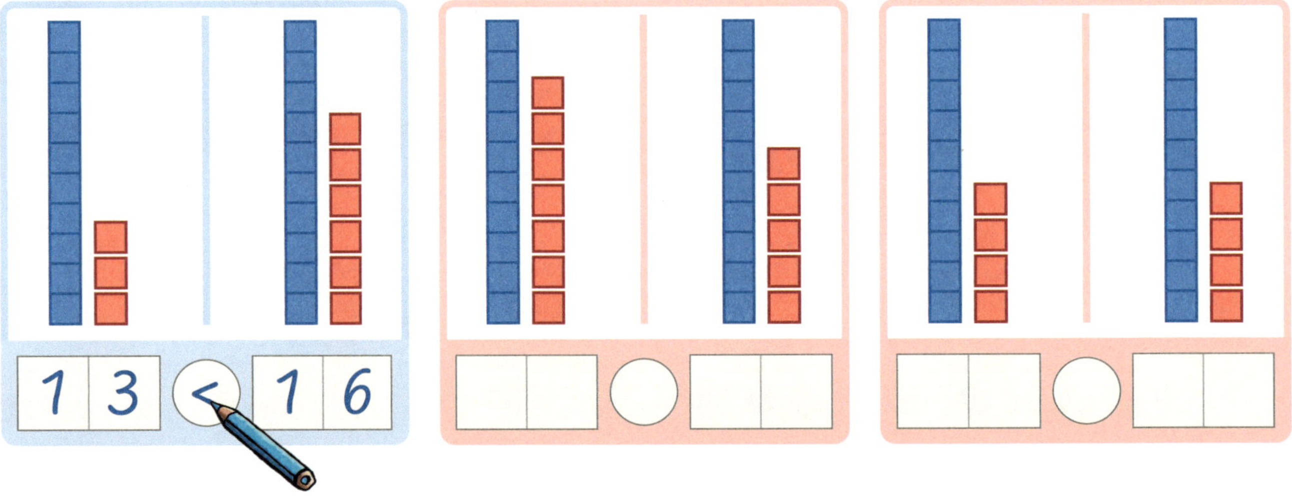

| 1 3 | < | 1 6 |

☐3

12 < 1 7   12 = ☐☐   12 > ☐☐

1 2 3
B

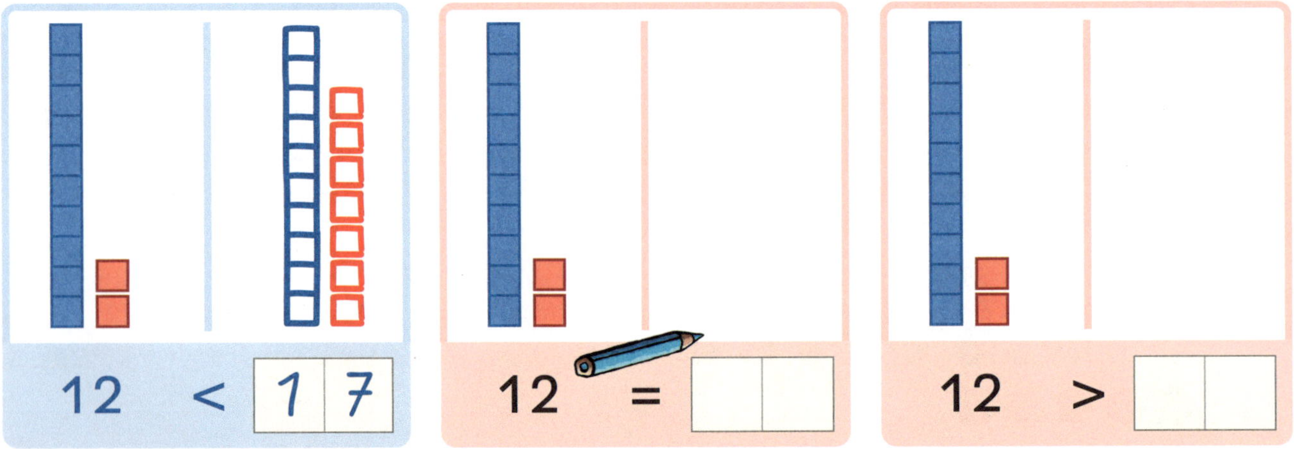

★ SF: mit Steckwürfen und Zahlenkärtchen Zahlvergleiche durchführen und dazu sprechen
★ bildlich dargestellte Zahlen vergleichen
★ passende Steckwürfelbilder und Zahlen finden

4   13 < 18   10 ◯ 8   9 ◯ 12

    15 ◯ 11   15 ◯ 19   17 ◯ 17

    17 ◯ 14   16 ◯ 16   13 ◯ 11

5   18 > ☐☐   10 < ☐☐   13 < ☐☐

    11 > ☐☐   14 < ☐☐   15 = ☐☐

    9 < ☐☐   16 < ☐☐   19 > ☐☐

6   ☐☐ < ☐☐   ☐☐ > ☐☐

    ☐☐ = ☐☐   ☐☐ < ☐☐

7

14 > 8		7	15
12	16	19	19
19	17	11	14

★ Relationszeichen >, < oder = passend einsetzen
★ zu vorgegebenen Zahlvergleichen passende Zahlen finden,
erkennen, dass es mehrere Lösungen gibt

14 ist größer als 10.

2

> 10 größer als 10	< 15 kleiner als 15

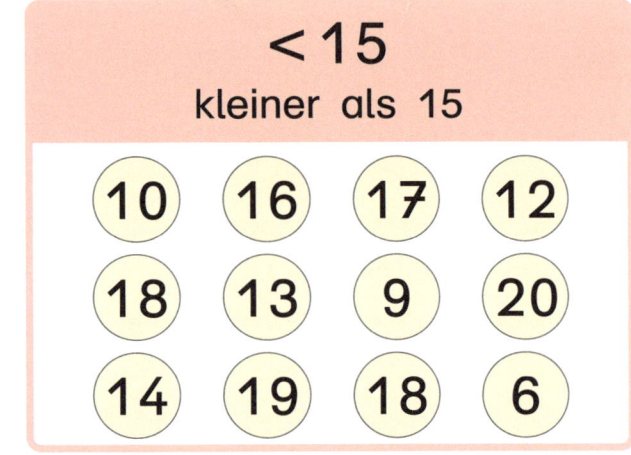

3

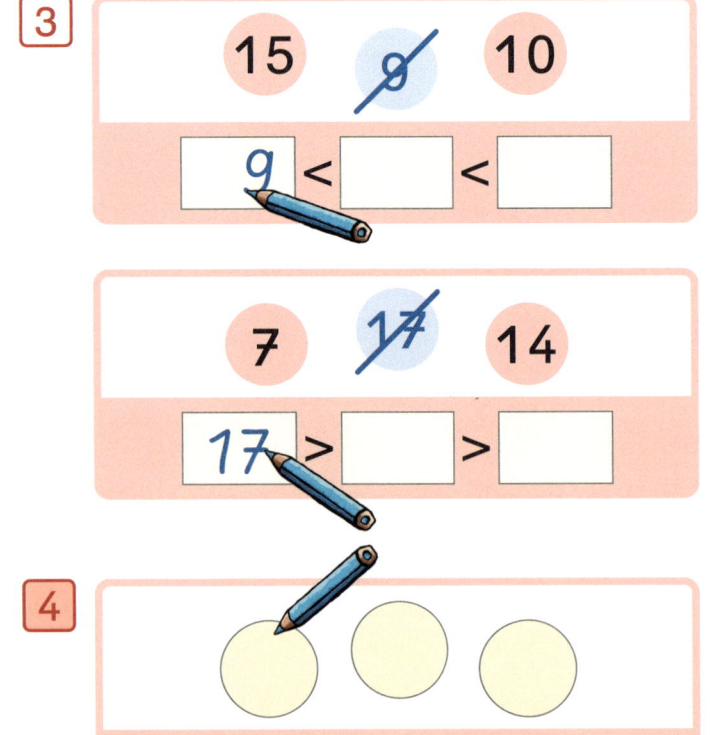

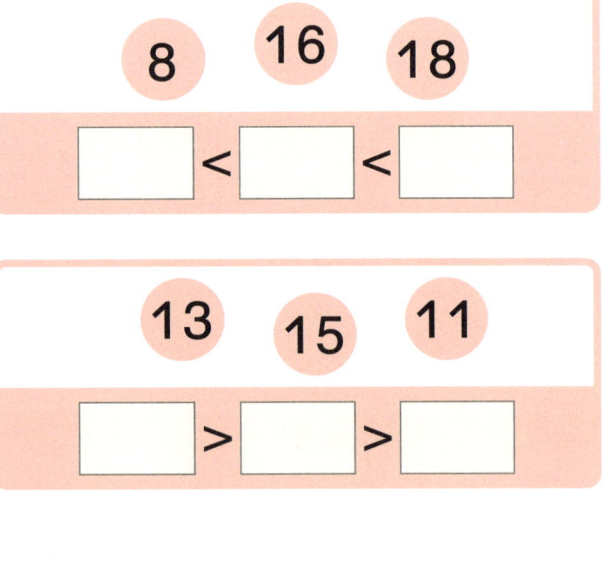

4

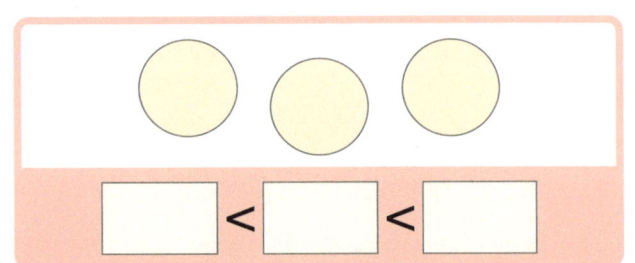

1 2 3 B   ÜH 33

★ **SF:** Zahlvergleiche legen und in Sprache übertragen ★ erkennen, dass es mehrere Lösungen gibt ★ Zahlen der Größe nach ordnen, am Relationszeichen erkennen, ob mit der kleinsten oder der größten Zahl begonnen wird

1

16 > ▨

11 12 8 19 7 15 17 13

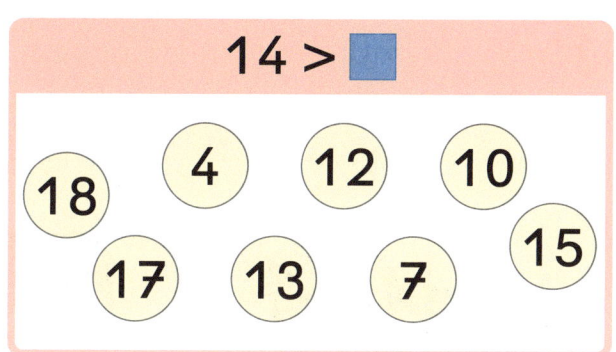

14 > ▨

18 4 12 10 17 13 7 15

2

12 < ▨

19 13 11 15 14 9 17 10

15 < ▨

20 16 18 15 14 17 12 19

3

13 > ▨ > 9

18 16 11 6 10 7 14 12

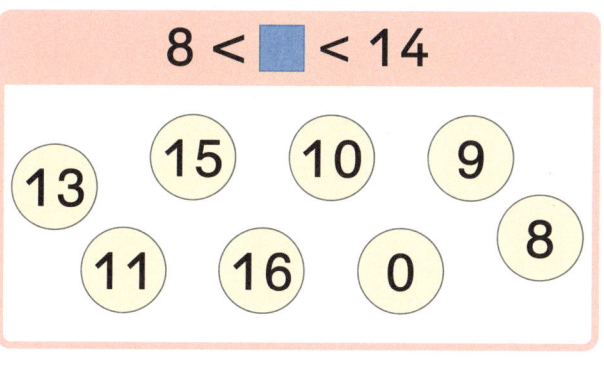

8 < ▨ < 14

13 15 10 9 11 16 0 8

4   3 + 4 ⬭<⬭ 8

8 − 5 ◯ 7

2 + 6 ◯ 5

7 − 4 ◯ 3

★ zu vorgegebenen Zahlvergleichen alle möglichen vorgegebenen Lösungszahlen finden
★ bei Ungleichungen passende Relationszeichen ergänzen

17

1

13 ist der **Vorgänger** von 14.

15 ist der **Nachfolger** von 14.

| 13 | 14 | 15 |

13 ist der **Vorgänger** von 14.

15 ist der **Nachfolger** von 14.

13 und 15 sind die **Nachbarzahlen** von 14.

2

| 16 | 17 | 18 |

| 11 | | 13 |

| 10 | | 12 |

| 18 | | 20 |

| 9 | | 11 |

| 14 | | 16 |

3

| 9 | 10 | 11 |

| | 13 | |

| | 19 | |

| | 18 | |

| | 1 | |

| | 17 | |

4

| 13 | 14 | 15 |

| | | 20 |

| 9 | | |

| | | 14 |

| | | 6 |

| 14 | | |

★ zu vorgegebenen Zahlen Nachbarzahlen finden
★ SF: Begriffe „Nachbarzahlen", „Vorgänger", „Nachfolger" verwenden

1

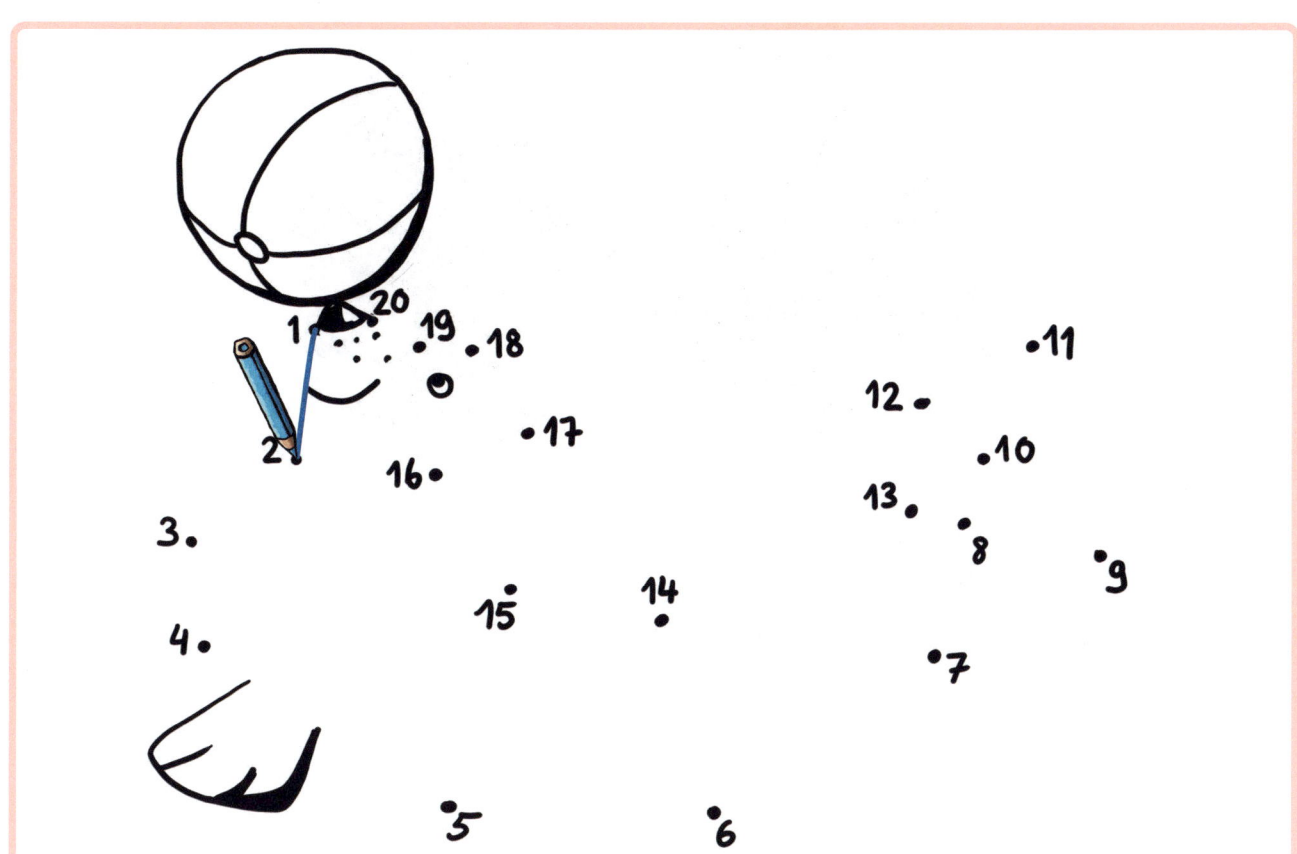

2

 1

2

| 6 | | | 9 | | | 12 | | | |

| 9 | | | 12 | | | | | 17 | |

| | | 10 | | | 13 | 14 | | | |

| 11 | | | | | | | | 19 | |

3

| 17 | 16 | | 14 | | | | *10* |

| 15 | | 13 | | | | 9 | | |

| | | 16 | | 14 | | | 11 | |

| 20 | | 18 | | | | | |

★ Zahlenfolgen vorwärts und rückwärts legen
★ Ausschnitte aus Zahlenfolgen ergänzen
★ anhand von vorgegebenen Zahlen absteigende und aufsteigende Zahlenfolgen erkennen

1

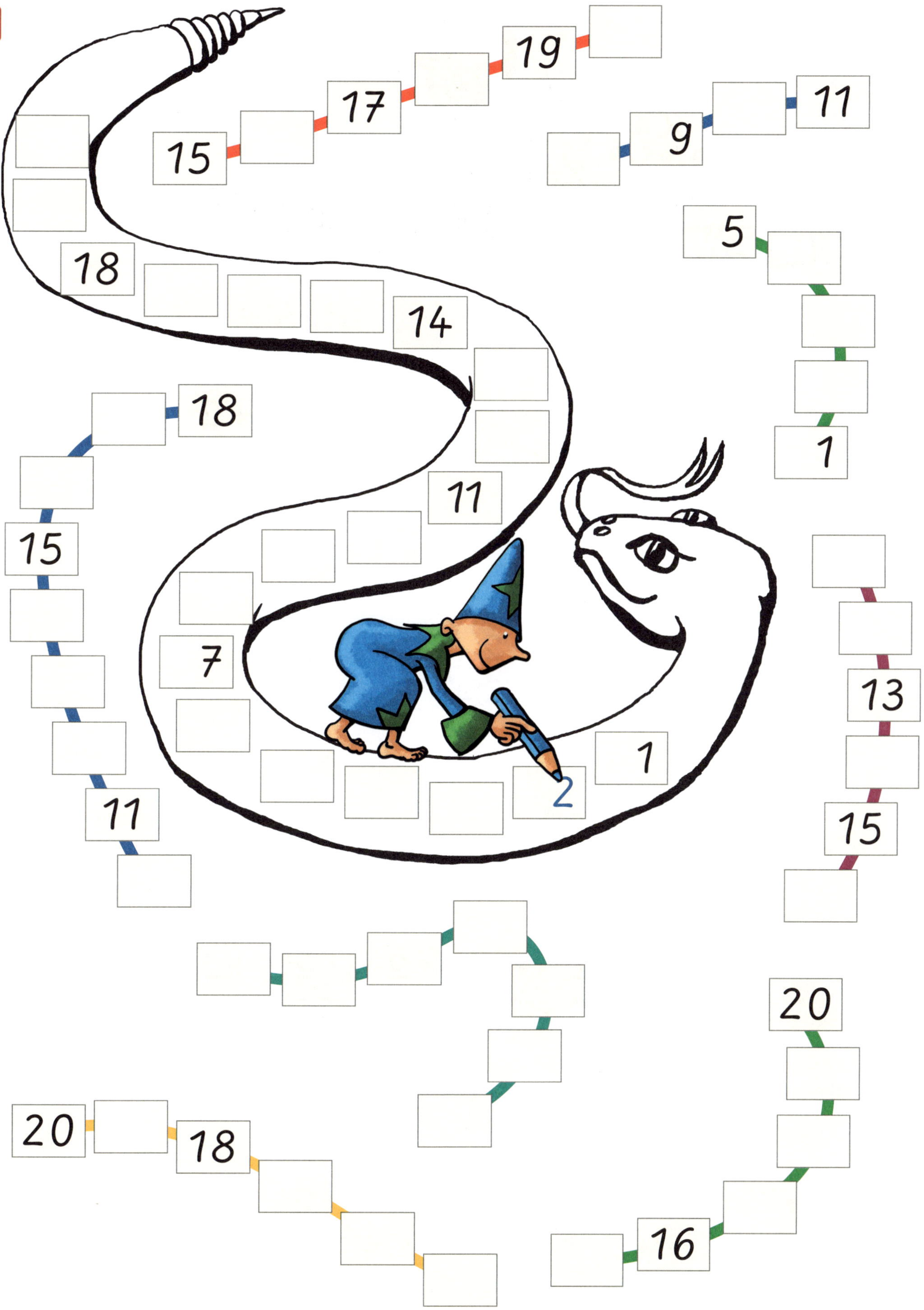

19

17

15

11

9

5

18

14

1

18

11

15

13

7

15

11

1

2

20

20

18

16

★ Ausschnitte aus Zahlenfolgen ergänzen
★ erkennen, ob Ausschnitte aus Zahlenfolgen absteigend oder aufsteigend ausgerichtet sind

ÜH 34   21

1

2, 4, 6, 8, ...

2

$+2$ $+2$ $+2$ $+2$ $+2$ $+2$ $+2$

| 2 | 4 | 6 | | | | | 16 |

-2 -2 -2 -2 -2 -2 -2

| 20 | 18 | | | | | | 6 |

3

$+2$ $+2$ $+2$ $+2$ $+2$ $+2$ $+2$

| 1 | 3 | | | | | | 15 |

-2 -2 -2 -2 -2 -2 -2

| 19 | 17 | | | | | | 5 |

★ Zahlenfolgen legen und sowohl vorwärts als auch rückwärts
in verschiedenen Schrittfolgen abschreiten
★ Zahlenfolgen in Zweierschritten vorwärts und rückwärts ergänzen

1

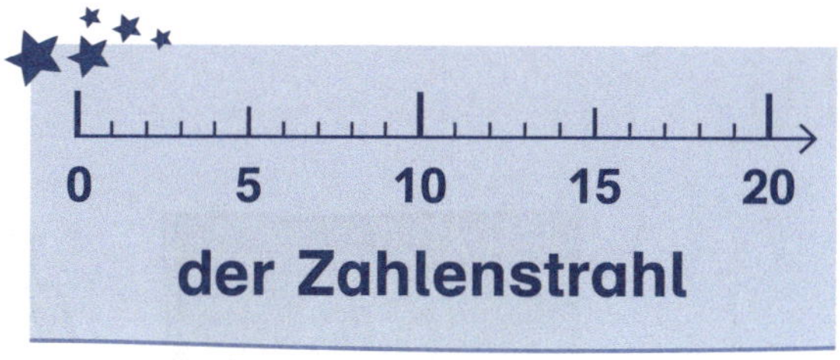

der Zahlenstrahl

2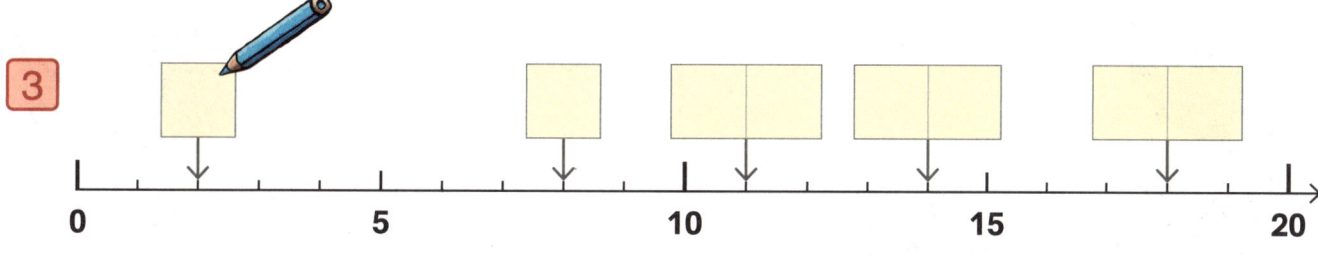

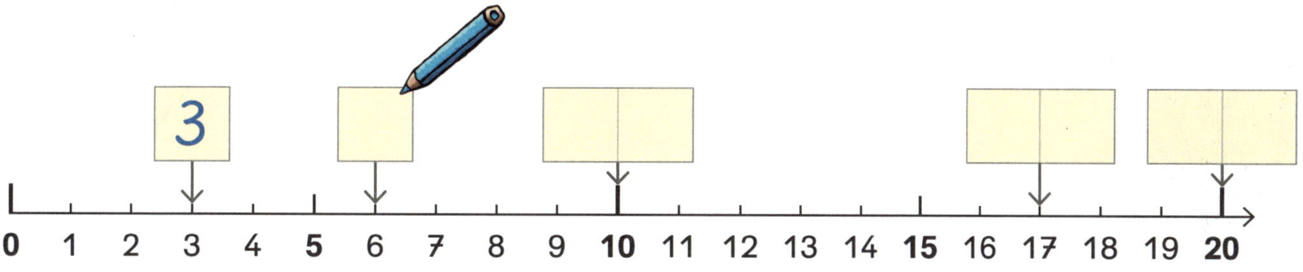

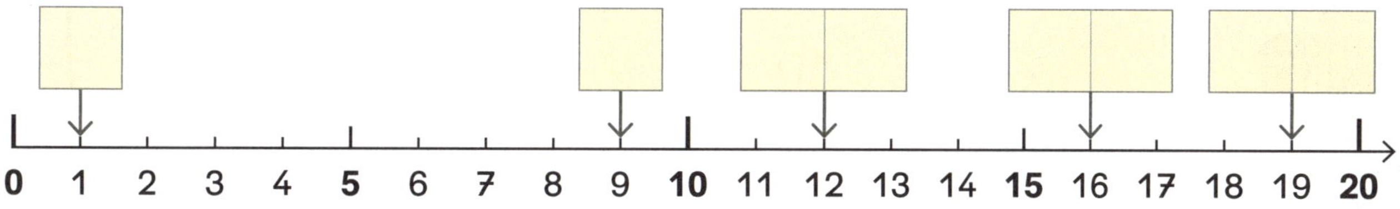

3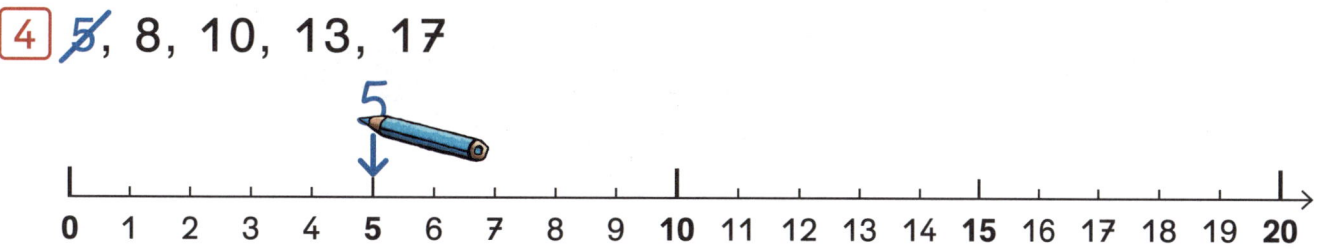

4 5, 8, 10, 13, 17

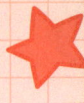

1

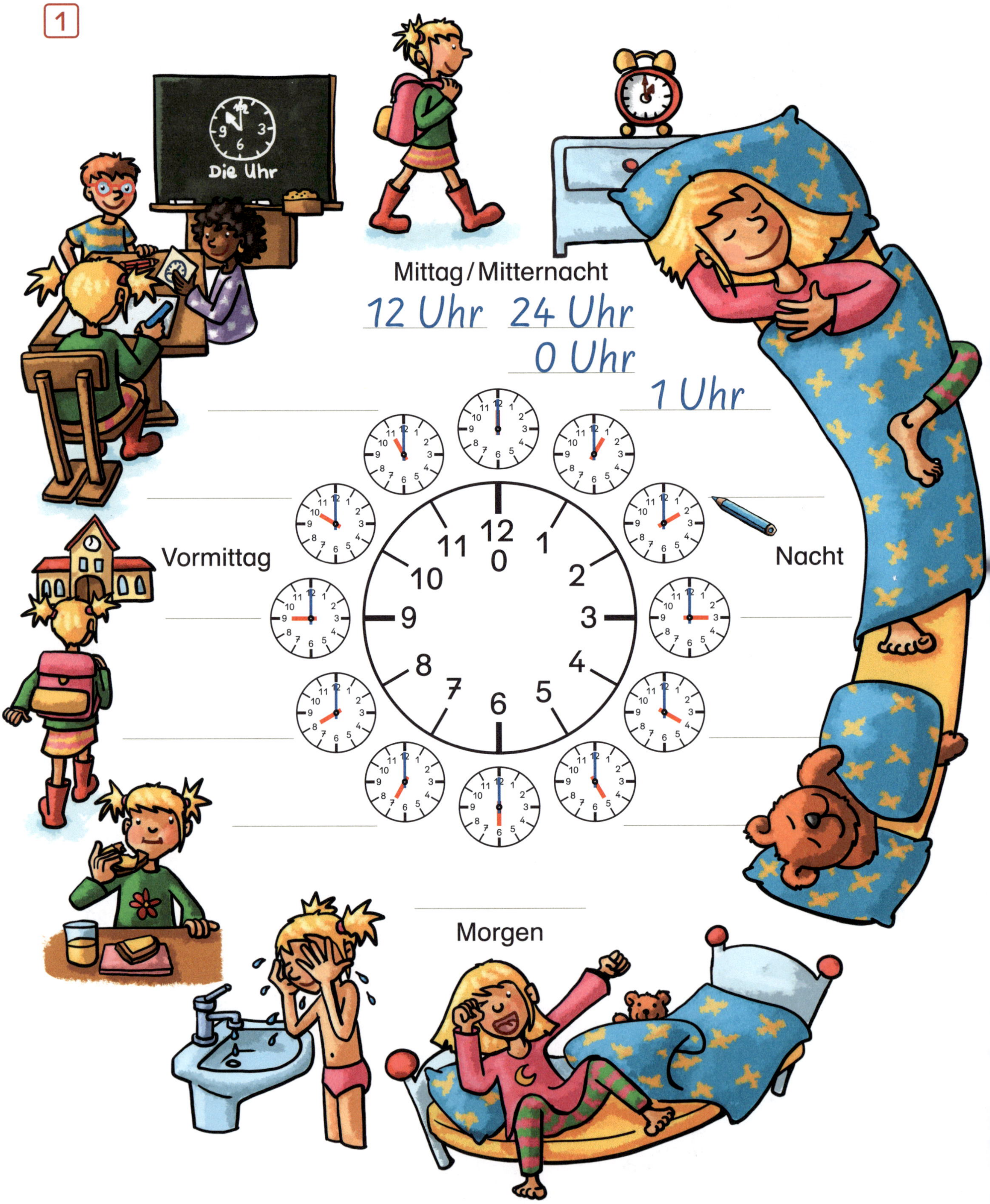

Die Uhr
Mittag / Mitternacht
12 Uhr
24 Uhr
0 Uhr
1 Uhr
Vormittag
Nacht
Morgen

B

★ Uhrzeiten in vollen Stunden in der ersten Tageshälfte (Mitternacht bis Mittag) ablesen und notieren

1

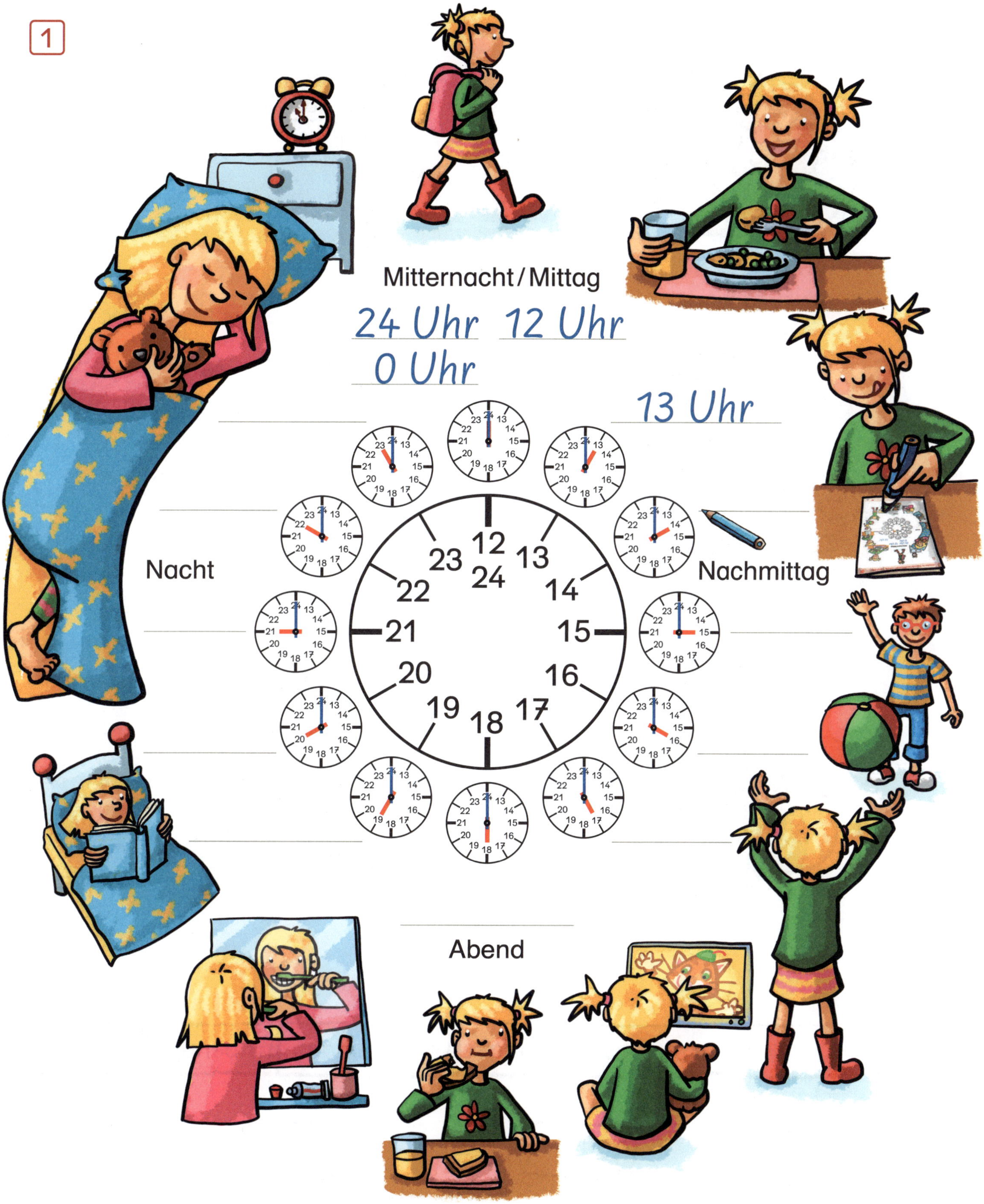

Mitternacht / Mittag

24 Uhr   12 Uhr
0 Uhr

13 Uhr

Nacht

Nachmittag

Abend

1

6 Uhr

2

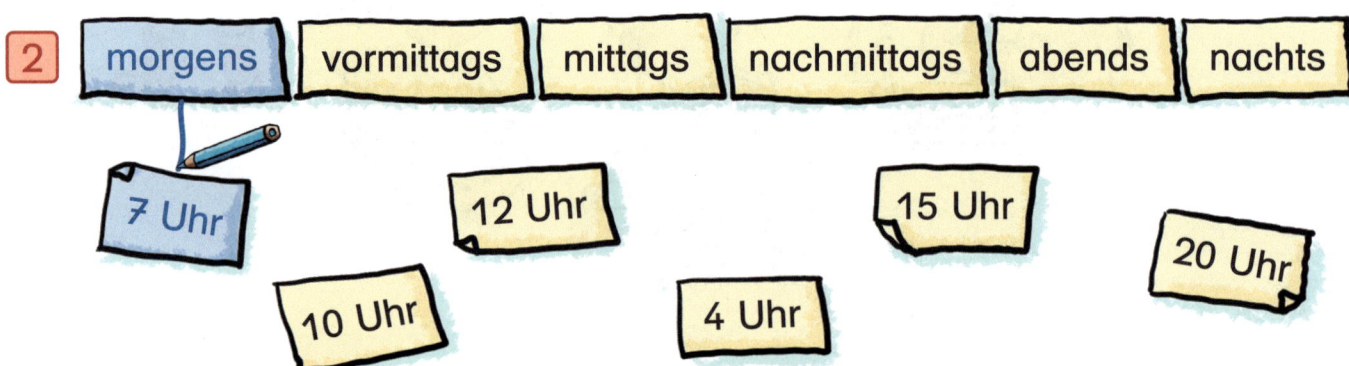

★ zur Tätigkeit und Tageszeit passende Uhrzeiten ablesen und notieren
★ Uhrzeit und Tageszeit passend zuordnen

Es ist 5 Uhr nachts oder 17 Uhr nachmittags.

2

10 Uhr
22 Uhr

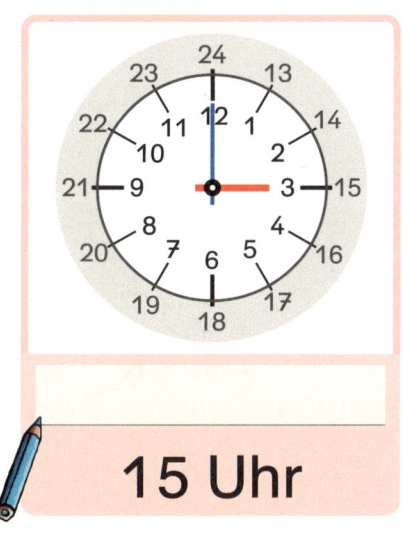

15 Uhr

20 Uhr

3

4 Uhr

★ Uhrzeiten ablesen, beide Zeiten eintragen

Es ist 2 Uhr nachts oder 14 Uhr nachmittags.

3 Uhr
15 Uhr

★ zu Zeigerstellungen in vollen Stunden jeweils beide möglichen Uhrzeiten bestimmen

2 Uhr

Der *Stundenzeiger* zeigt auf die 2. Der **Minutenzeiger** zeigt auf die 12.

Minutenzeiger

Stundenzeiger

7 Uhr

10 Uhr

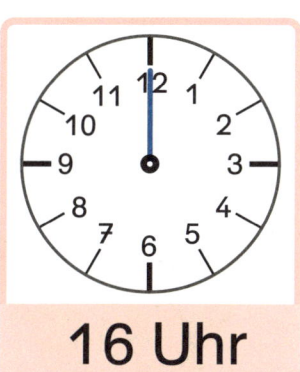

16 Uhr

11 Uhr

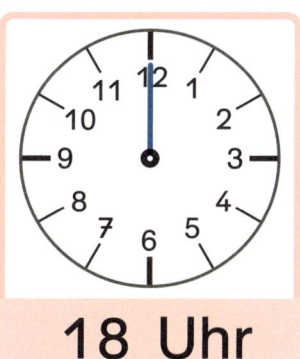

18 Uhr

8 Uhr

15 Uhr

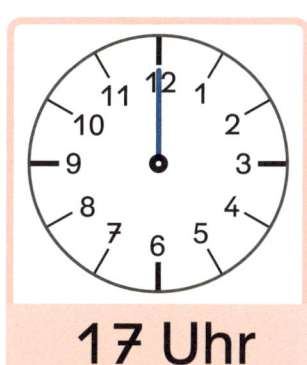

17 Uhr

13 Uhr

★ die Zeigerstellung von Uhrzeiten in vollen Stunden eintragen
★ ggf. zuerst an der Beilagenuhr einstellen
★ die unterschiedliche Länge der beiden Zeiger beachten

ÜH 37   B

1

Ich gehe ins Bett.

Es ist 20 Uhr.

zweite Tageshälfte

2

Morgen

6 Uhr

Vormittag

_____

Mittag

_____

Nachmittag

_____

Abend

_____

Nacht

_____

Nacht

_____

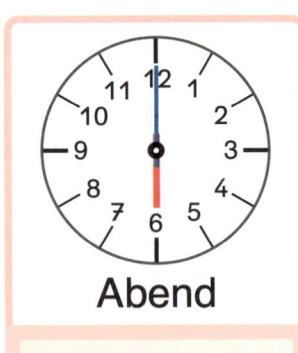
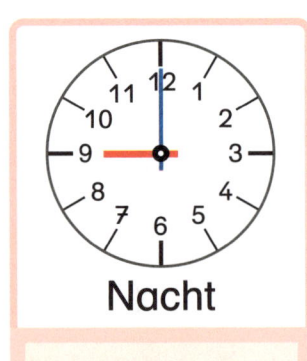

 B

 D 46

★ **SF:** zu einer Zeigerstellung und Angabe der Tätigkeit die passende Tageshälfte bestimmen und Uhrzeit nennen ★ Uhrzeiten in vollen Stunden mit Bezug auf die Tageszeit ablesen und notieren

21 Uhr

2

7 Uhr

15 Uhr

★ Uhrzeiten mit Bezug auf Tätigkeiten in den beiden Tageshälften ablesen und notieren
★ zu gegebenen Zeitangaben entsprechende Tätigkeiten im Tagesablauf finden und bildlich darstellen

31

1

4 + 3 = 7
ist die **kleine** Aufgabe.

Dann sind 14 + 3 = 17.
Das ist die **große** Aufgabe.

Verwandte Aufgaben

kleine Aufgabe:
4 + 3 = 7

große Aufgabe:
1 4 + 3 = 1 7

2

5 + 4 = 9

1 5 + 4 = 1 9

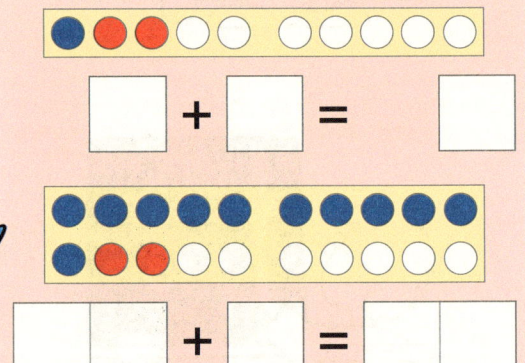

☐ + ☐ = ☐

☐ + ☐ = ☐

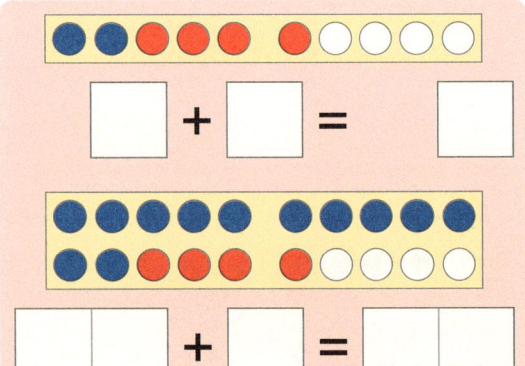

☐ + ☐ = ☐

☐ ☐ + ☐ = ☐ ☐

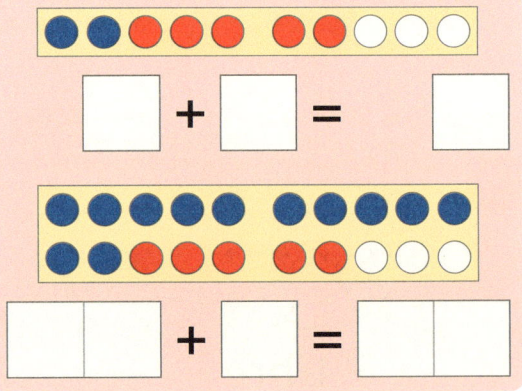

☐ + ☐ = ☐

☐ ☐ + ☐ = ☐ ☐

☐ + ☐ = ☐

☐ ☐ + ☐ = ☐ ☐

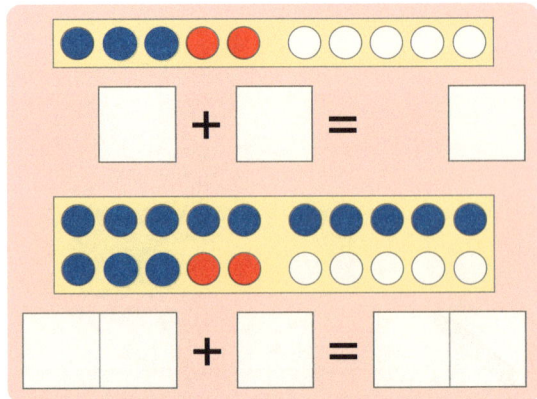

☐ + ☐ = ☐

☐ ☐ + ☐ = ☐ ☐

B

★ mit konkretem Material verwandte Plusaufgaben darstellen
★ **SF:** Begriffe „kleine Aufgabe" und „große Aufgabe" verwenden
★ zu vorgegebenen Punktebildern verwandte Plusaufgaben notieren

1

6 − 2 = 4
ist die **kleine Aufgabe**.

Dann sind 16 − 2 = 14.
Das ist die **große Aufgabe**.

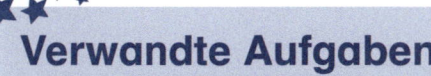

Verwandte Aufgaben

kleine Aufgabe:
6 − 2 =   4

große Aufgabe:
16 − 2 = 1 4

2

| 8 | − | 5 | = | | 3 |

| 1 | 8 | − | 5 | = | 1 | 3 |

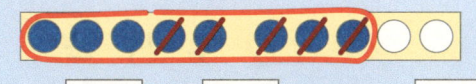

| | − | | = | |

| | − | | = | |

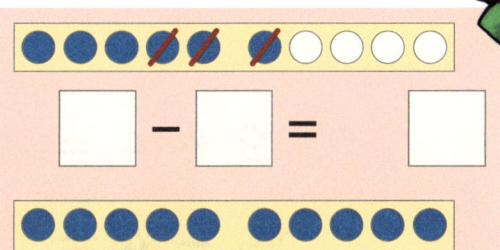

| | − | | = | |

| | | − | | = | | |

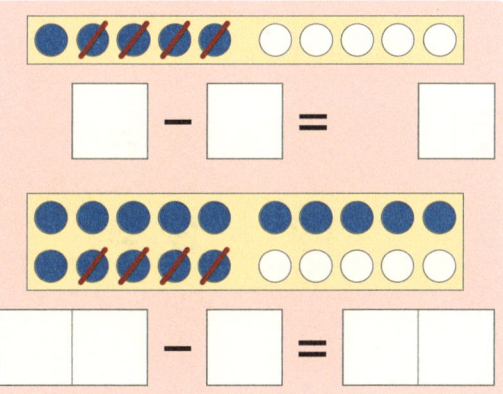

| | − | | = | |

| | | − | | = | | |

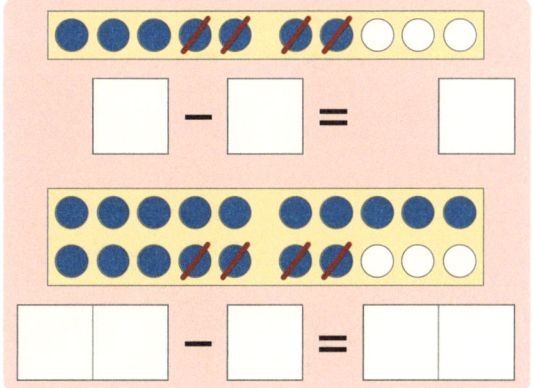

| | − | | = | |

| | | − | | = | | |

★ mit konkretem Material verwandte Minusaufgaben darstellen
★ **SF:** Begriffe „kleine Aufgabe" und „große Aufgabe" verwenden
★ zu vorgegebenen Punktebildern verwandte Minusaufgaben notieren

33

1

$2 + 4 = \boxed{6}$

$12 + 4 = \boxed{1\ 6}$

$4 + 4 = \boxed{}$

$14 + 4 = \boxed{}$

$3 + 5 = \boxed{}$

$13 + 5 = \boxed{}$

$2 + 7 = \boxed{}$

$12 + 7 = \boxed{}$

$6 + 4 = \boxed{}$

$16 + 4 = \boxed{}$

$2 + 5 = \boxed{}$

$12 + 5 = \boxed{}$

2

$7 - 3 = \boxed{}$

$17 - 3 = \boxed{}$

$9 - 4 = \boxed{}$

$19 - 4 = \boxed{}$

$8 - 5 = \boxed{}$

$18 - 5 = \boxed{}$

$6 - 6 = \boxed{}$

$16 - 6 = \boxed{}$

$10 - 7 = \boxed{}$

$20 - 7 = \boxed{}$

$8 - 4 = \boxed{}$

$18 - 4 = \boxed{}$

1

$4 + 3 = 7$

$1\,4 + 3 = 1\,7$

> 4 + 3 ist die **kleine Aufgabe**.

> 14 + 3 ist die **große Aufgabe**.

$2 + \boxed{} = \boxed{}$

$1\,2 + 4 = \boxed{}$

$\boxed{} + \boxed{} = \boxed{}$

$1\,6 + 3 = \boxed{}$

$\boxed{} + \boxed{} = \boxed{}$

$1\,3 + 5 = \boxed{}$

$\boxed{} + \boxed{} = \boxed{}$

$1\,7 + 2 = \boxed{}$

2

$9 - 3 = 6$ — kleine Aufgabe

$1\,9 - 3 = 1\,6$ — große Aufgabe

$\boxed{} - \boxed{} = \boxed{}$

$1\,6 - 5 = \boxed{}$

$\boxed{} - \boxed{} = \boxed{}$

$1\,5 - 2 = \boxed{}$

$\boxed{} - \boxed{} = \boxed{}$

$1\,8 - 6 = \boxed{}$

$\boxed{} - \boxed{} = \boxed{}$

$1\,9 - 4 = \boxed{}$

$\boxed{} - \boxed{} = \boxed{}$

$1\,7 - 4 = \boxed{}$

★ kleine Aufgaben finden und als Rechenhilfe nutzen
★ Plus- und Minusaufgaben lösen

1

$14 + 2 = \boxed{1\ 6}$

$12 + 3 = \boxed{}$

$14 + 5 = \boxed{}$

$13 + 4 = \boxed{}$

$17 - 4 = \boxed{}$

$19 - 3 = \boxed{}$

$20 - 3 = \boxed{}$

$16 - 5 = \boxed{}$

> Hier hilft die **kleine Aufgabe:**
> $4 + 2 = 6.$

2

$4 + 12 = \boxed{1\ 6}$

$5 + 13 = \boxed{}$

$7 + 11 = \boxed{}$

$3 + 14 = \boxed{}$

$2 + 15 = \boxed{}$

$4 + 16 = \boxed{}$

$1 + 12 = \boxed{}$

$5 + 14 = \boxed{}$

> Hier hilft die **Tauschaufgabe:**
> $12 + 4 = 16.$

3

$12 + 4 = 16$

$15 + 5 =$

$14 + 4 =$

$11 + 6 =$

$18 - 5 =$

$17 - 3 =$

$19 - 2 =$

$18 - 3 =$

★ Plus- und Minusaufgaben lösen
★ kleine Aufgabe und Tauschaufgabe als Rechenhilfe nutzen
★ Hefteintrag üben, auf stellengerechte Schreibweise achten

1     $4 + \boxed{2} = 6$ $7 - \boxed{} = 3$

        $14 + \boxed{2} = 16$ $17 - \boxed{} = 13$

        $2 + \boxed{} = 7$ $4 - \boxed{} = 1$

      $12 + \boxed{} = 17$ $14 - \boxed{} = 11$

        $4 + \boxed{} = 8$ $7 - \boxed{} = 5$

      $14 + \boxed{} = 18$ $17 - \boxed{} = 15$

2     $\boxed{5} + \boxed{2} = \boxed{7}$ $\boxed{} - \boxed{} = \boxed{}$

     $15 + \boxed{} = 17$ $15 - \boxed{} = 11$

    $\boxed{} + \boxed{} = \boxed{}$ $\boxed{} - \boxed{} = \boxed{}$

     $13 + \boxed{} = 16$ $18 - \boxed{} = 13$

    $\boxed{} + \boxed{} = \boxed{}$ $\boxed{} - \boxed{} = \boxed{}$

     $12 + \boxed{} = 19$ $16 - \boxed{} = 11$

★ Ergänzungsaufgaben lösen
★ kleine Aufgabe finden und als Rechenhilfe nutzen

1

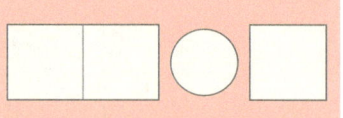

16 · | 1 | 3 | (+) | 3 |

17

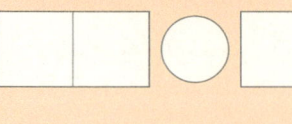

18

13 + 3	16 + 2	20 − 3	11 + 5
19 − 1	19 − 3	18 − 1	15 + 3
12 + 5	20 − 2	14 + 3	20 − 4

2

12 · | 1 | 1 | + | 1 | / | 1 | 6 | − | 4 |

14 · | | | + | | / | | | − | |

15 · | | | + | | / | | | − | |

★ Plus- und Minusaufgaben lösen und dem passenden Ergebnis zuordnen
★ zu vorgegebenem Ergebnis selbst passende Aufgaben finden

+	2
3	5
13	15

3 + 2 = 5
13 + 2 = 15

1

+	1	3	2
6	7		
16	17		

+	4	2	6
4			
14			

2

−	3	5	2
9	6		
19	16		

−	4	5	7
7			
17			

3

+	2	4	
		9	
15			16

−	6	4	
		2	
16			14

★ verwandte Plus- und Minusaufgaben in Tabellen lösen
★ verwandte Aufgaben erkennen und nutzen

1

1 2	+	2	=	
1 2	+	3	=	
1 2	+	4	=	
1 2	+	5	=	
1 2	+	6	=	

○ immer eins mehr
☒ immer gleich
○ immer eins weniger

☒ immer eins mehr
○ immer gleich
○ immer eins weniger

○ immer eins mehr
○ immer gleich
○ immer eins weniger

2

1 1	+	3	=	
1 2	+	3	=	
1 3	+	3	=	
1 4	+	3	=	
1 5	+	3	=	

○ immer eins mehr
○ immer gleich
○ immer eins weniger

○ immer eins mehr
○ immer gleich
○ immer eins weniger

○ immer eins mehr
○ immer gleich
○ immer eins weniger

3

1 2	+	6	=	
1 3	+	5	=	
1 4	+	4	=	
1 5	+	3	=	
1 6	+	2	=	

○ immer eins mehr
○ immer gleich
○ immer eins weniger

○ immer eins mehr
○ immer gleich
○ immer eins weniger

○ immer eins mehr
○ immer gleich
○ immer eins weniger

★ Aufgabenreihen lösen
★ SF/MK: Strukturen und Zusammenhänge erkennen und beschreiben

1

1 8	– 2 =	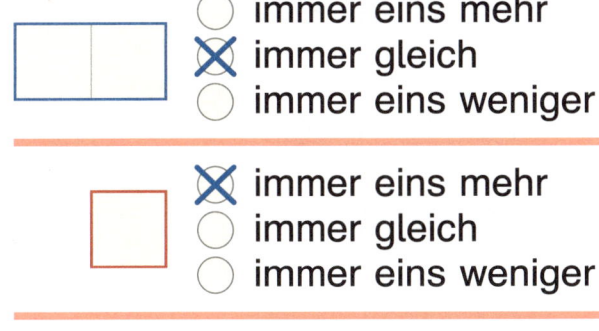
1 8	– 3 =	
1 8	– 4 =	
1 8	– 5 =	
1 8	– 6 =	

○ immer eins mehr
✕ immer gleich
○ immer eins weniger

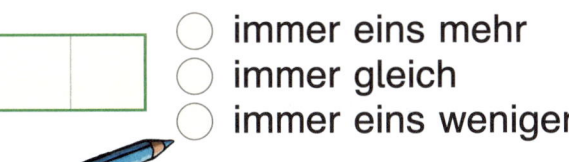

□ ✕ immer eins mehr
○ immer gleich
○ immer eins weniger

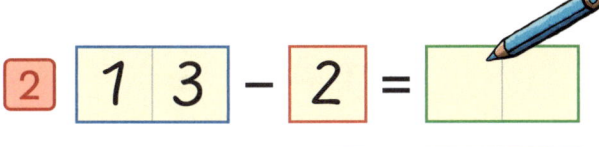

○ immer eins mehr
○ immer gleich
○ immer eins weniger

2

1 3	– 2 =	
1 4	– 3 =	
1 5	– 4 =	
1 6	– 5 =	
1 7	– 6 =	

○ immer eins mehr
○ immer gleich
○ immer eins weniger

□ ○ immer eins mehr
○ immer gleich
○ immer eins weniger

○ immer eins mehr
○ immer gleich
○ immer eins weniger

3

1 9	– 4 =	
1 8	– 4 =	
1 7	– 4 =	
1 6	– 4 =	
1 5	– 4 =	

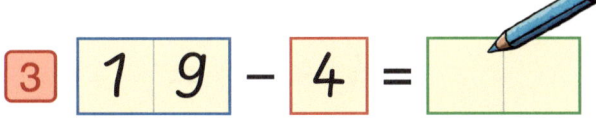

○ immer eins mehr
○ immer gleich
○ immer eins weniger

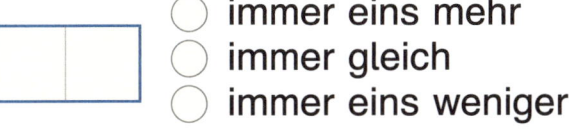

□ ○ immer eins mehr
○ immer gleich
○ immer eins weniger

○ immer eins mehr
○ immer gleich
○ immer eins weniger

1   11 + 4 =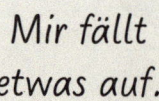

12 + 4 =

13 + 4 =

14 + 4 =

15 + 4 =

Mir fällt etwas auf.

13 + 3 =

13 + 4 =

13 + 5 =

13 + 6 =

13 + 7 =

2   18 − 4 =

18 − 5 =

18 − 6 =

18 − 7 =

18 − 8 =

20 − 5 =

19 − 5 =

18 − 5 =

17 − 5 =

16 − 5 =

3   16 + 1 =

15 + 2 =

14 + 3 =

13 + 4 =

12 + 5 =

14 − 2 =

15 − 3 =

16 − 4 =

17 − 5 =

18 − 6 =

★ Aufgabenreihen lösen
★ Strukturen erkennen ★ evtl. erkennen, dass unterschiedliche
Vorgehensweisen gleiche Auswirkungen auf das Ergebnis haben

1 15 + 4 = ☐☐

15 + 3 = ☐☐

15 + 2 = ☐☐

☐☐ + ☐ = ☐☐

☐☐ + ☐ = ☐☐

18 + 2 = ☐☐

17 + 2 = ☐☐

16 + 2 = ☐☐

☐☐ + ☐ = ☐☐

☐☐ + ☐ = ☐☐

2 17 – 7 = ☐☐

17 – 6 = ☐☐

17 – 5 = ☐☐

☐☐ – ☐ = ☐☐

☐☐ – ☐ = ☐☐

12 – 1 = ☐☐

13 – 1 = ☐☐

14 – 1 = ☐☐

☐☐ – ☐ = ☐☐

☐☐ – ☐ = ☐☐

3 14 + 4 = ☐☐

15 + 3 = ☐☐

16 + 2 = ☐☐

☐☐ + ☐ = ☐☐

☐☐ + ☐ = ☐☐

19 – 5 = ☐☐

18 – 4 = ☐☐

17 – 3 = ☐☐

☐☐ – ☐ = ☐☐

☐☐ – ☐ = ☐☐

★ Aufgaben lösen ★ Strukturen erkennen und Reihen fortsetzen
★ erkennen, dass unterschiedliche Vorgehensweisen gleiche Auswirkungen
auf das Ergebnis haben

5 Symmetrische Figuren herstellen – Klecksbilder

1

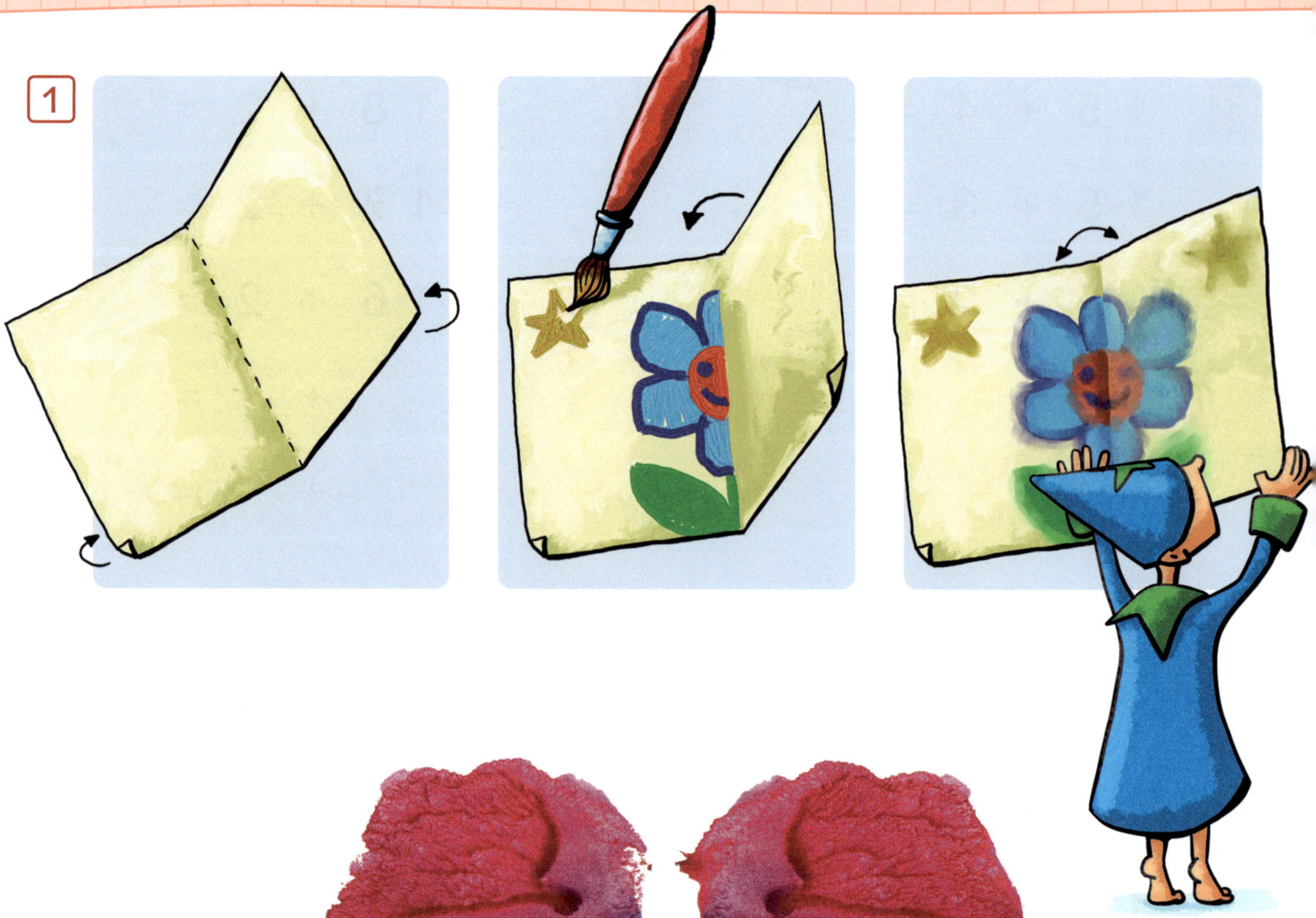

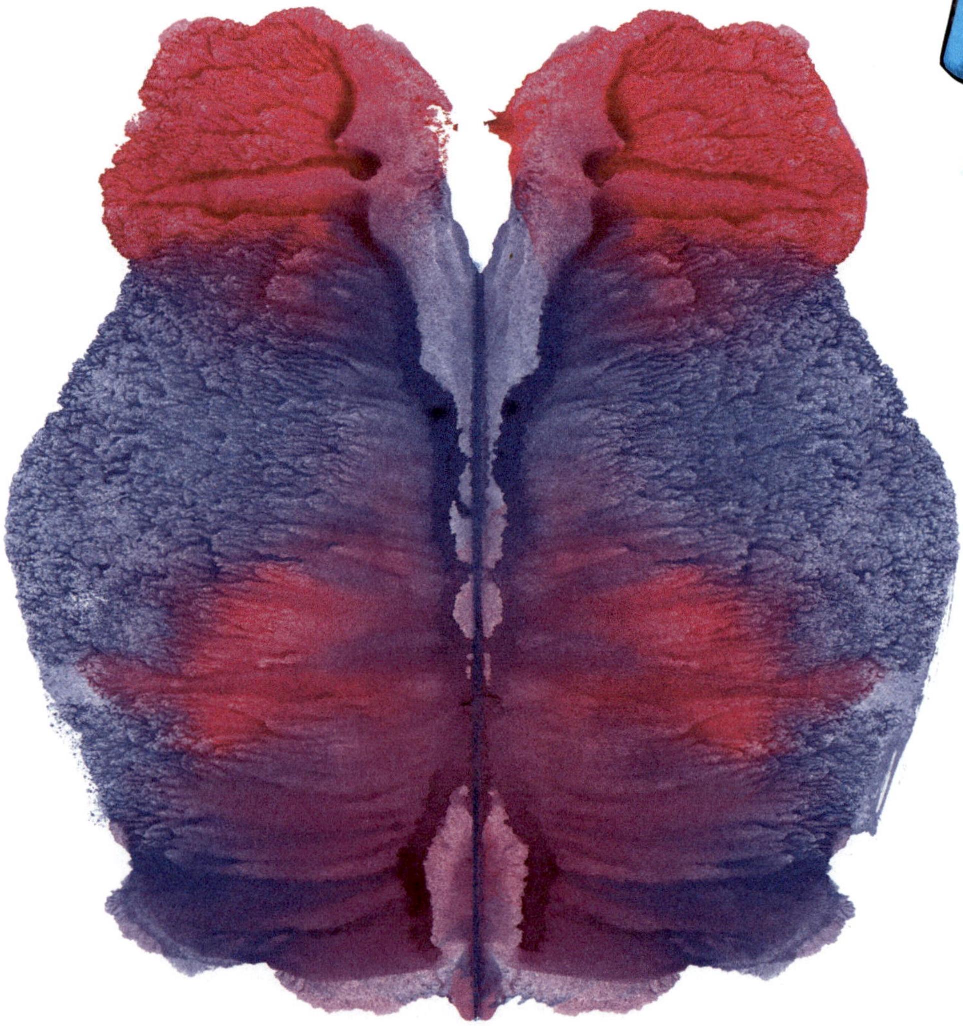

* symmetrische Figuren durch Klecksbilder erzeugen
* **MK:** Arbeitsergebnisse sammeln
* **SF:** Arbeitsergebnisse gemeinsam beschreiben

1

2

★ durch Falten und Schneiden symmetrische Figuren herstellen ★ ggf. auch durch Prickeln
symmetrische Figuren herstellen ★ vorgegebene und frei erfundene Figuren erzeugen
★ **SF:** Gemeinsamkeiten der erzeugten Figuren beschreiben

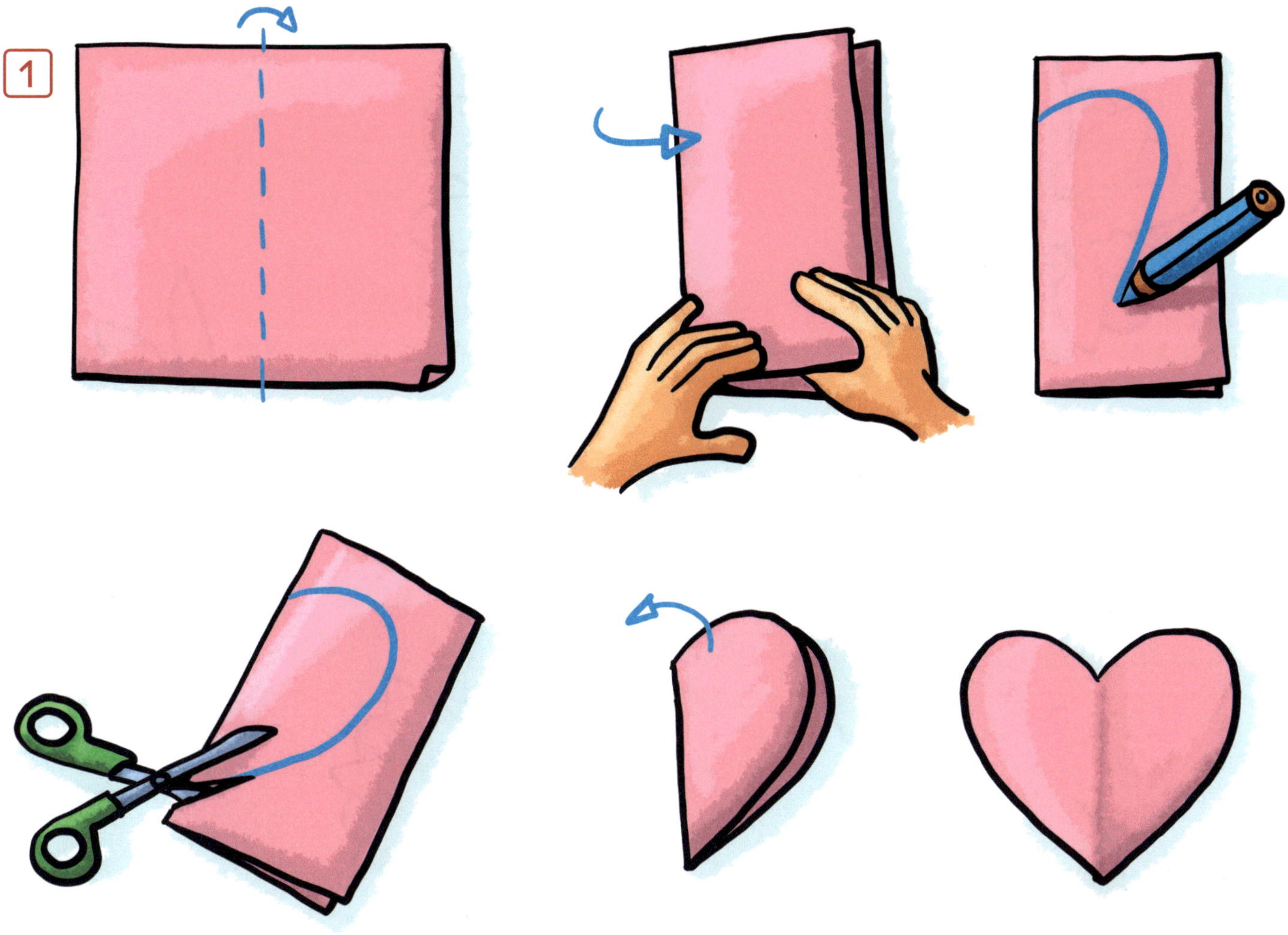

45

1

Solche Figuren heißen **symmetrische Figuren**. Die Faltlinie heißt **Symmetrieachse**.

die Symmetrieachse

1

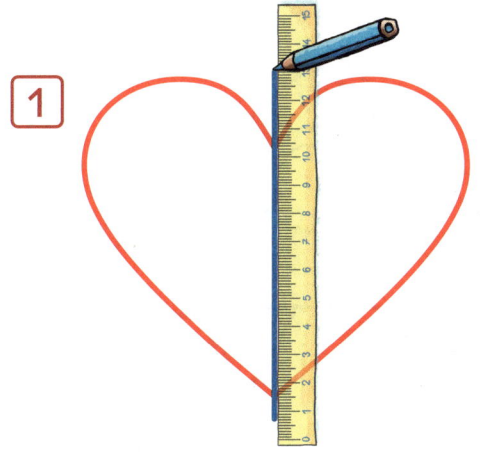

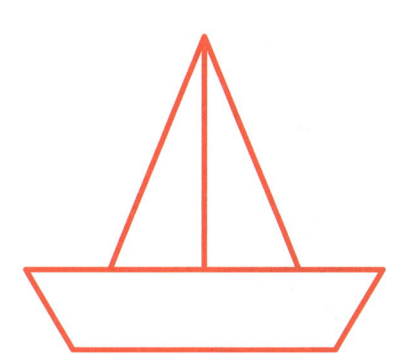

2

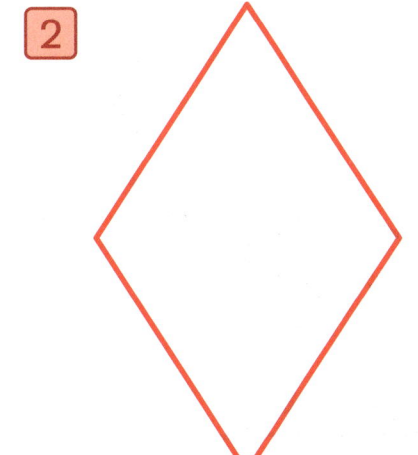

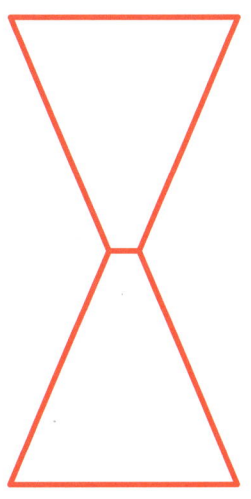

1

2

★ MK: symmetrische Figuren und Objekte in der Umgebung finden, zeichnen oder fotografieren und präsentieren
★ Symmetrieachsen einzeichnen

1

* symmetrische Figuren erkennen und einkreisen
* einen Spiegel als Hilfsmittel nutzen

1

* durch passendens Einfärben eine symmetrische Figur erzeugen

1

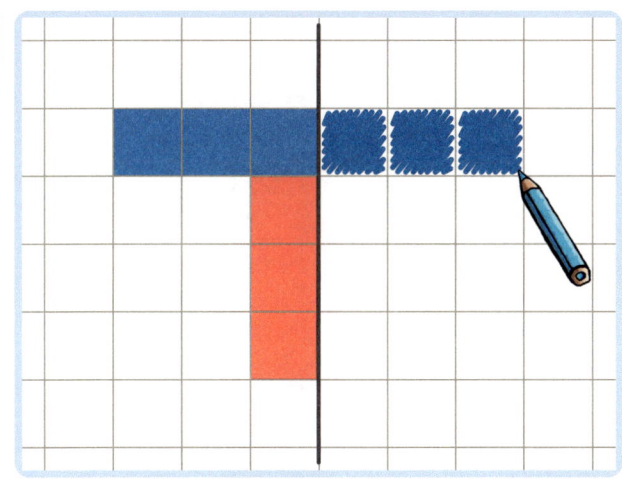
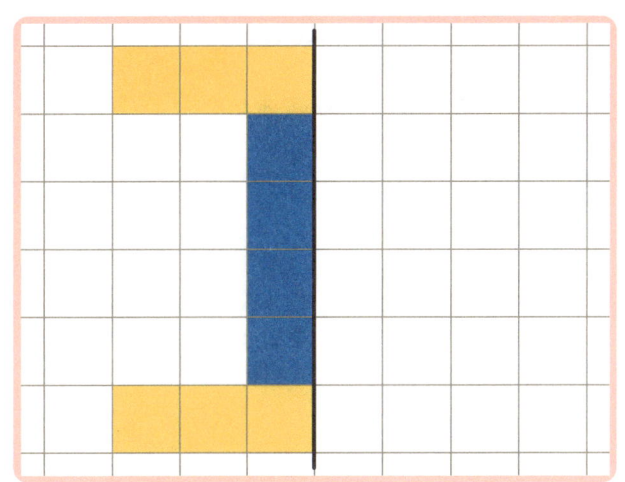

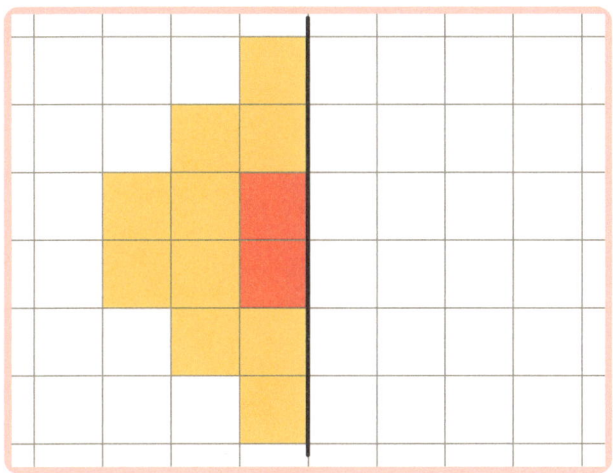
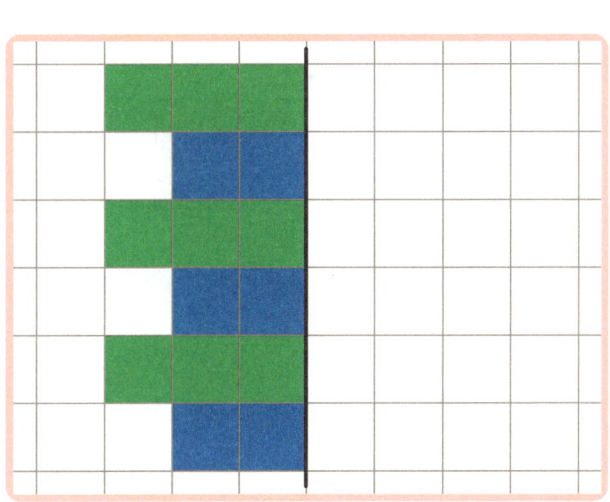

2

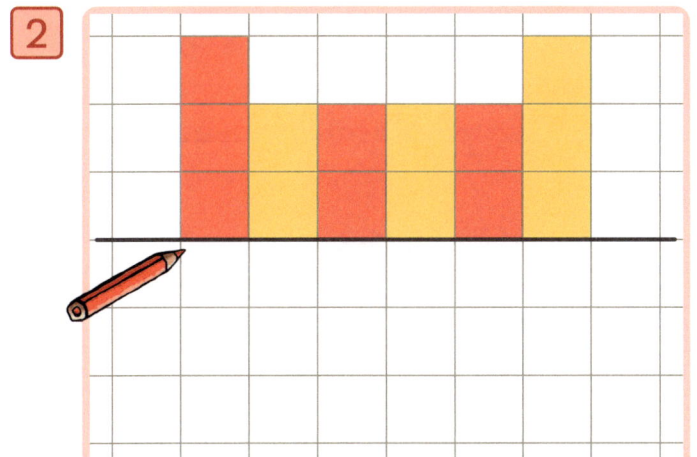
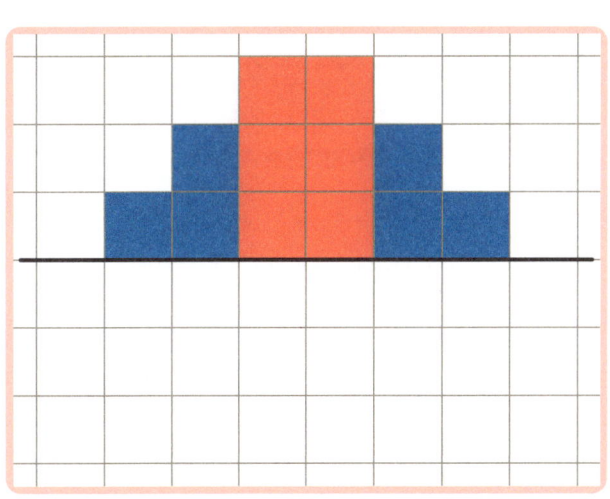

★ auf Karopapier zu symmetrischen Figuren ergänzen

1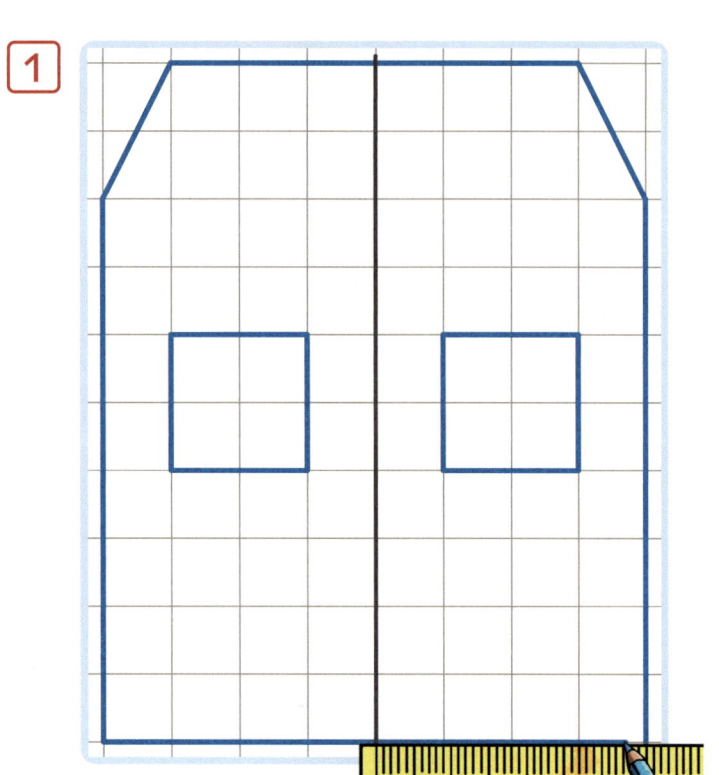

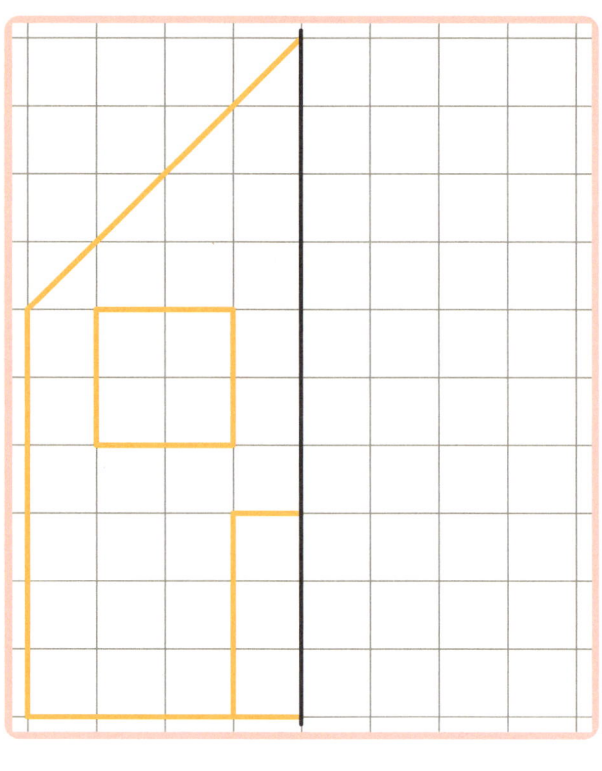

2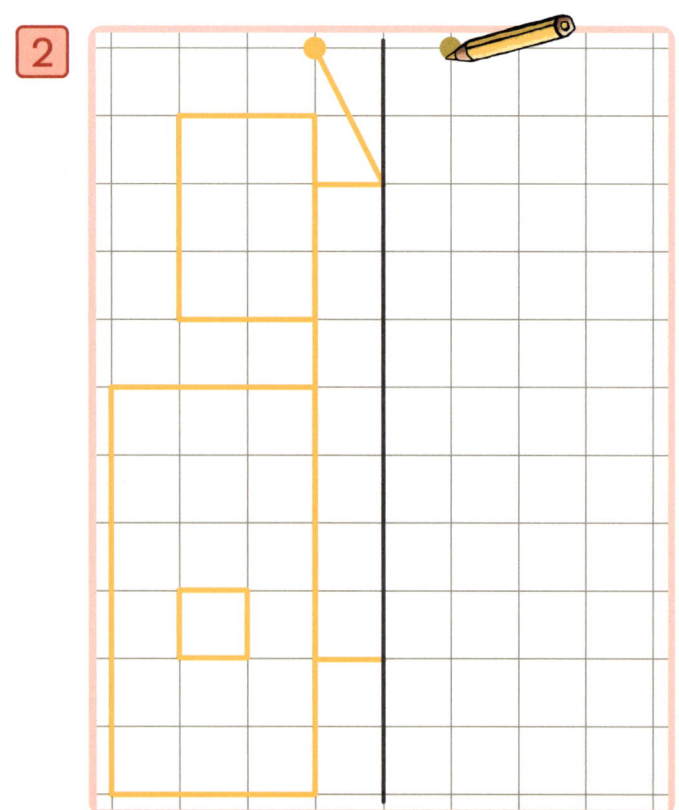

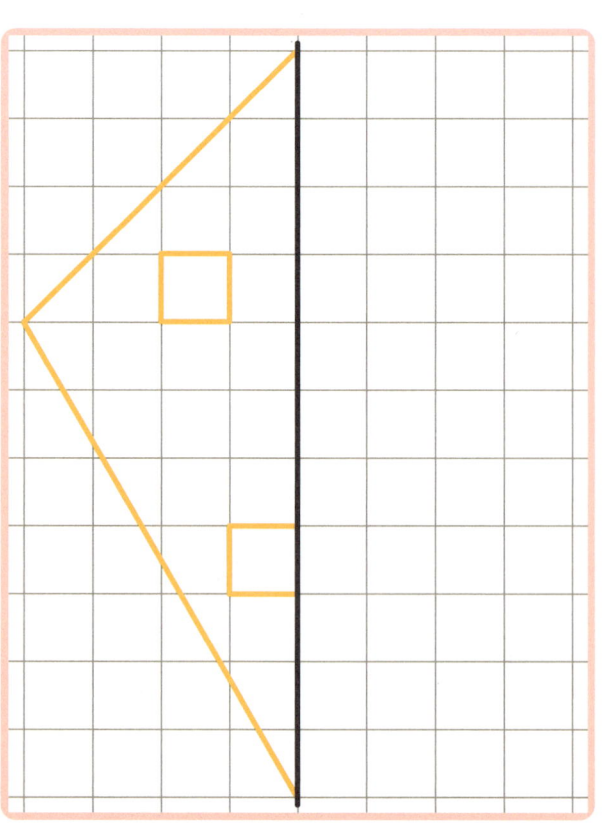

 ÜH 44

 D 51

★ komplexere achsensymmetrische Figuren auf Karopapier erzeugen
★ Lineal und Karopapier als Hilfsmittel nutzen

1

2

3

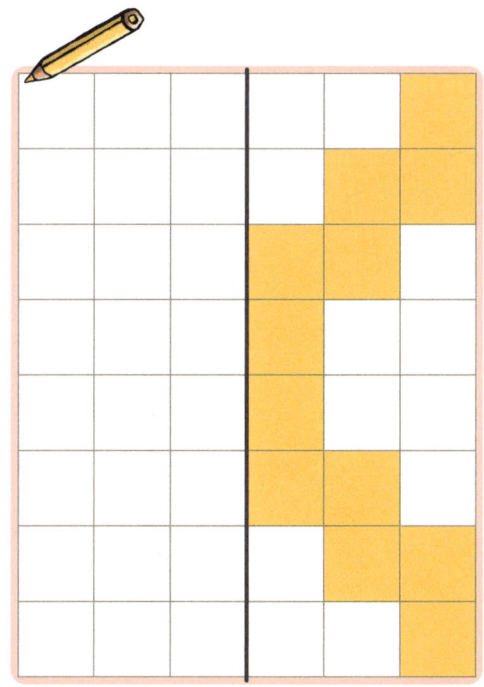

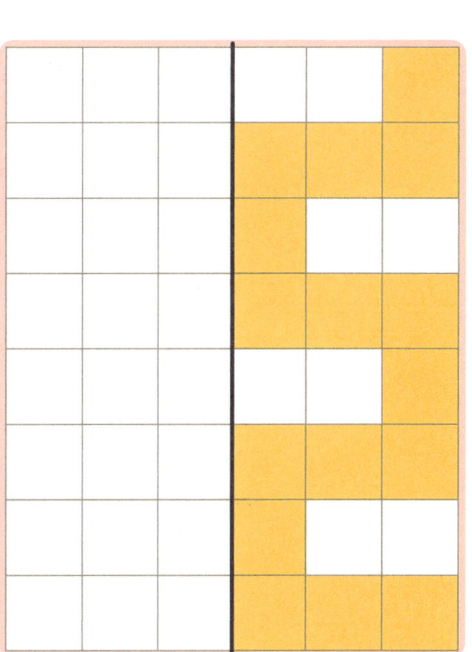

Mit dem Spiegel verdoppeln

1

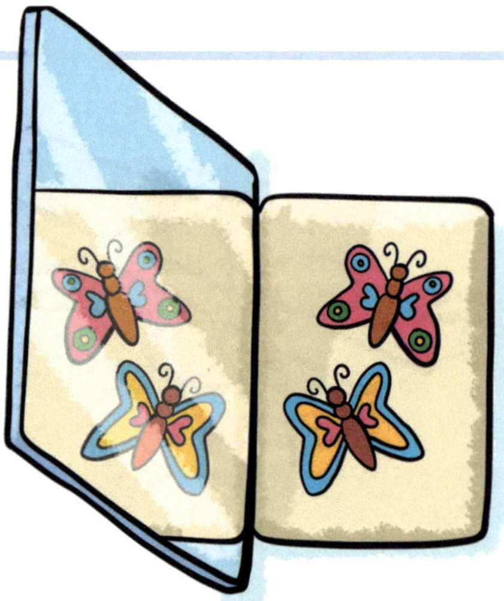

2 + 2 = 4

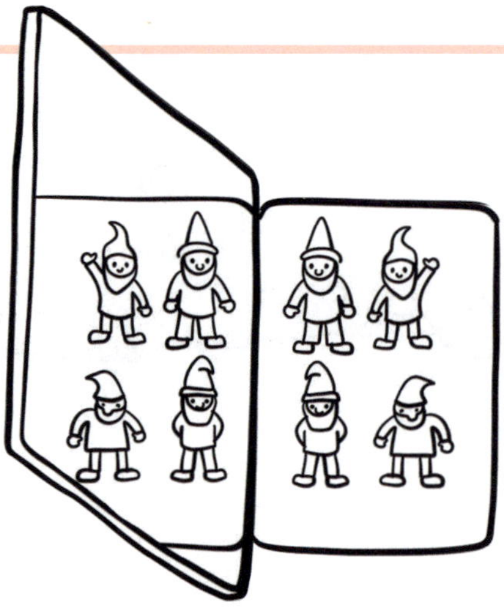

☐ + ☐ = ☐

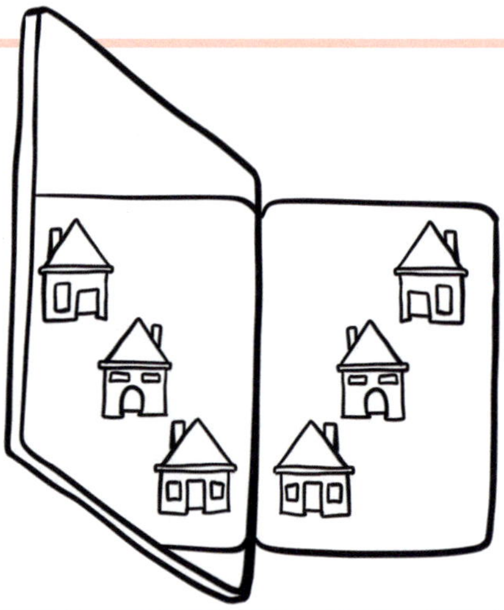

☐ + ☐ = ☐

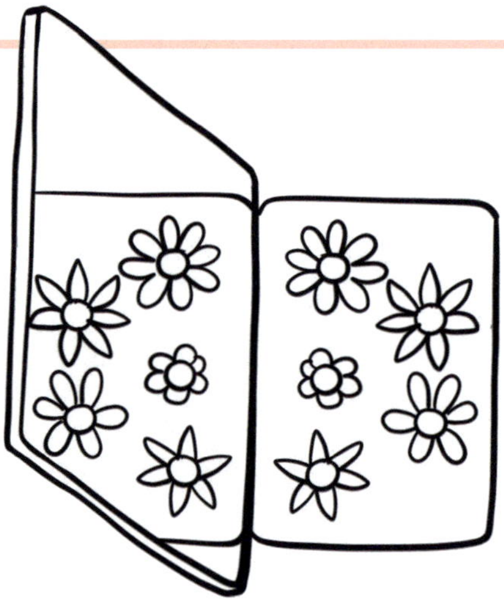

☐ + ☐ = ☐☐

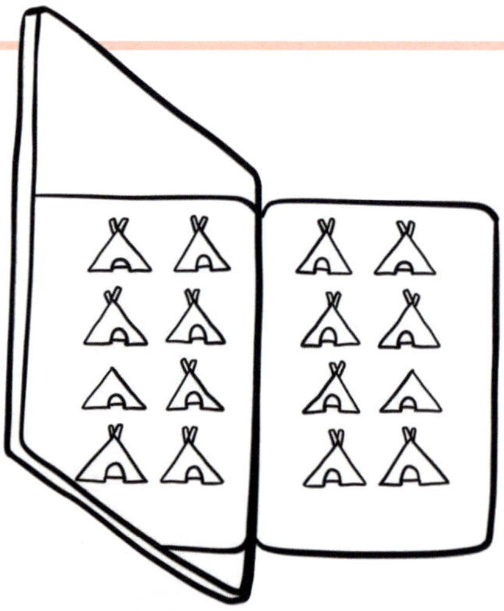

☐ + ☐ = ☐☐

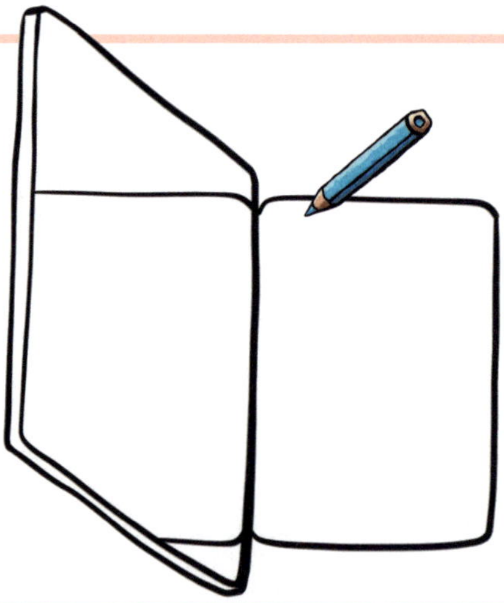

☐ + ☐ = ☐☐

* Spiegelbilder in Verdopplungsaufgaben übertragen
* selbst Spiegelbild und entsprechende Aufgabe erstellen

1

Das **Doppelte** von 3 ist 6.

3 + 3 = 6

2

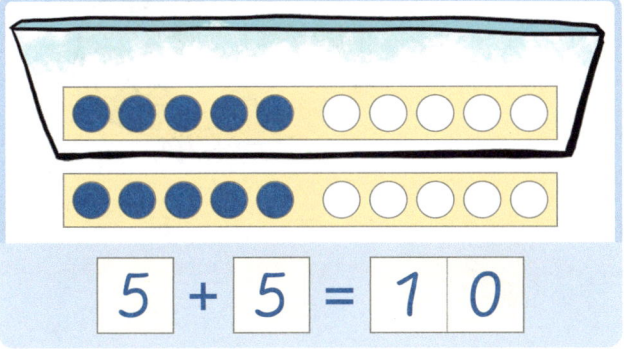

5 + 5 = 1 0

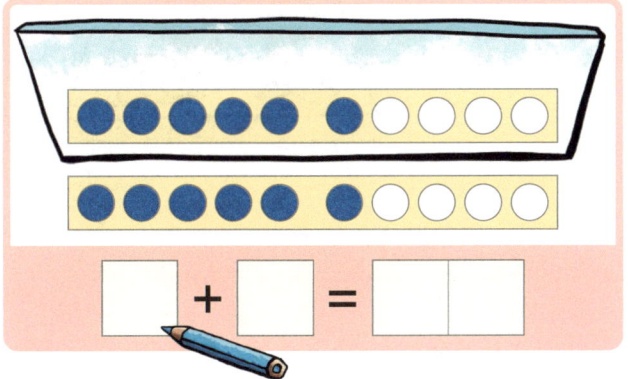

☐ + ☐ = ☐☐

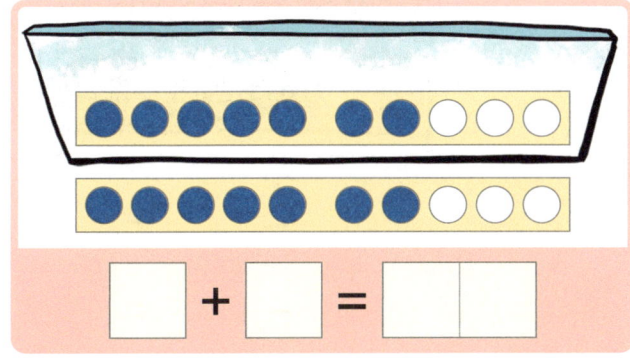

☐ + ☐ = ☐☐

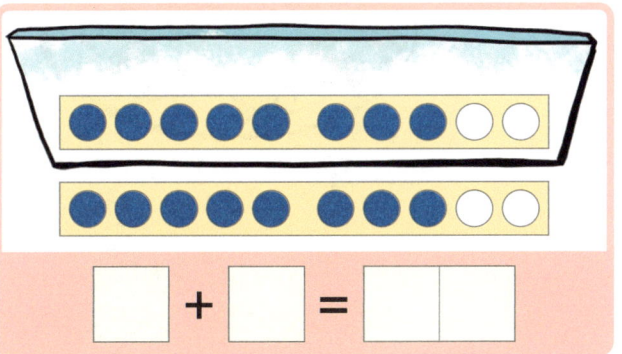

☐ + ☐ = ☐☐

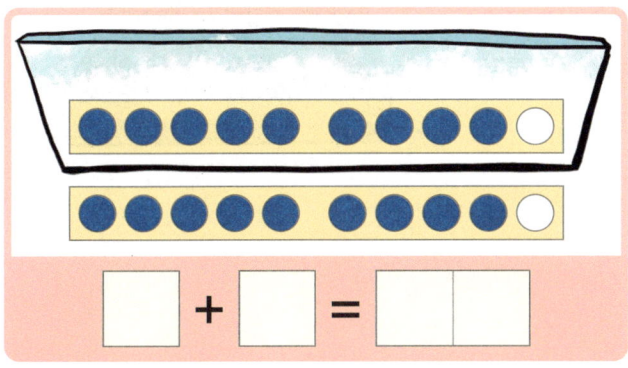

☐ + ☐ = ☐☐

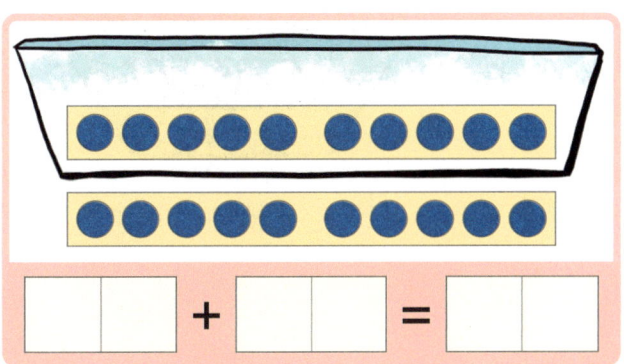

☐☐ + ☐ = ☐☐

★ **SF:** Begriffe „das Doppelte" bzw. „verdoppeln" verwenden
★ Punktebilder im Zehnerfeld mit dem Spiegel verdoppeln und in Aufgaben übertragen
★ Zahlen verdoppeln

B   55

1

Die **Hälfte** von 8 ist 4.

2

6	=	3	+	3
6	−	3	=	3

	=		+	
	−		=	

	=		+	
	−		=	

	=		+	
	−		=	

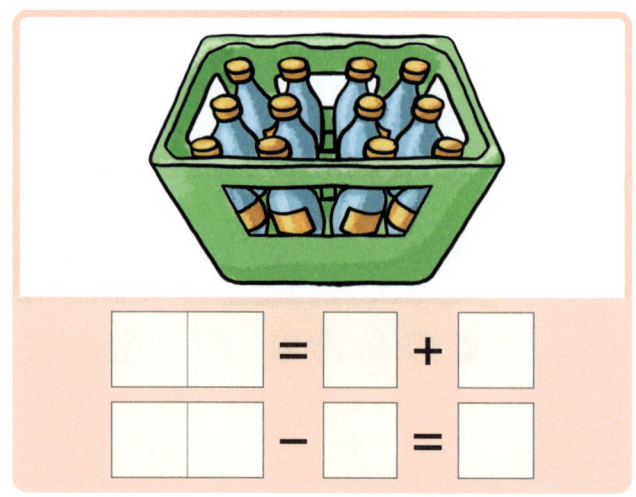

	=		+	
	−		=	

	=		+	
	−		=	

★ **SF:** Begriffe „die Hälfte" bzw. „halbieren" verwenden ★ Mengen handelnd hälftig zerlegen
★ bildlich dargestellte Mengen zeichnerisch hälftig zerlegen
★ in Zerlegungsaufgabe und Minusaufgabe übertragen

1

*Die **Hälfte** von 6 ist 3.*

2

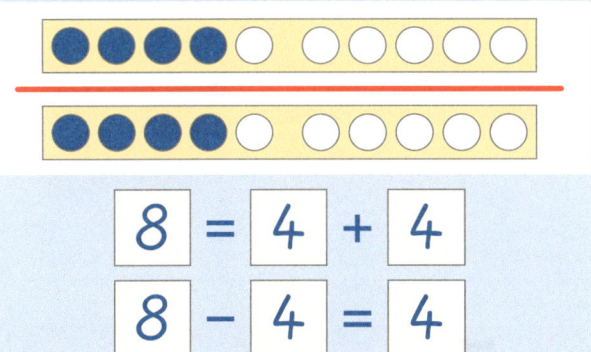

$$8 = 4 + 4$$
$$8 - 4 = 4$$

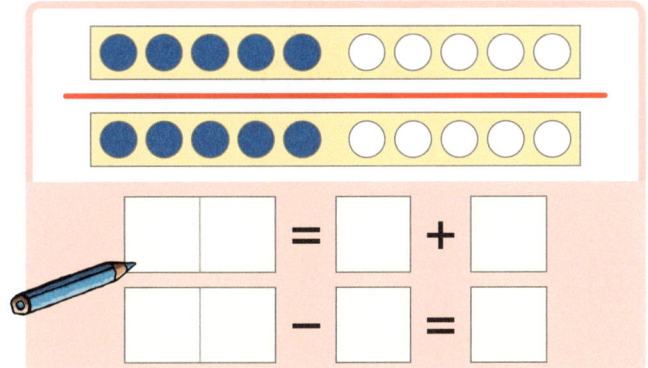

$$\square\square = \square + \square$$
$$\square\square - \square = \square$$

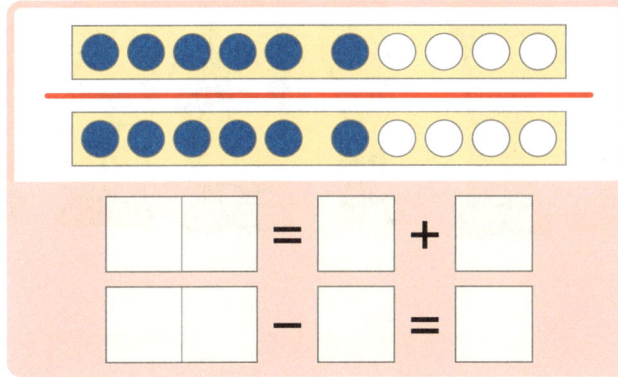

$$\square\square = \square + \square$$
$$\square\square - \square = \square$$

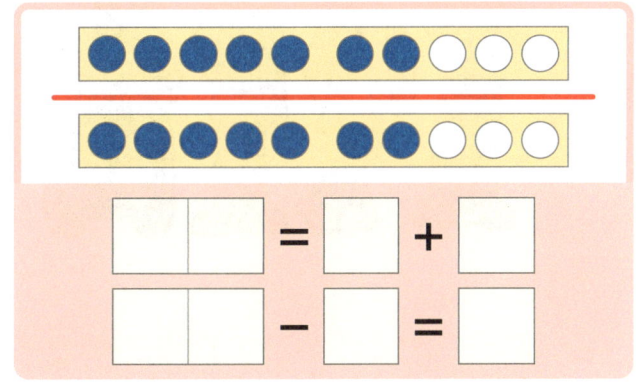

$$\square\square = \square + \square$$
$$\square\square - \square = \square$$

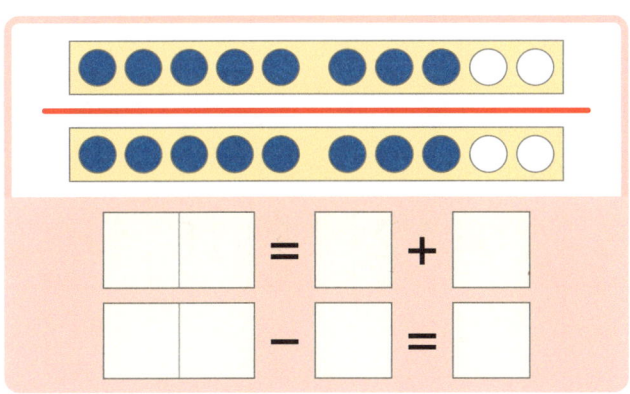

$$\square\square = \square + \square$$
$$\square\square - \square = \square$$

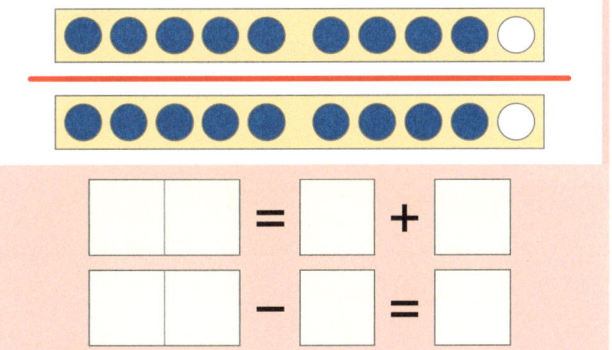

$$\square\square = \square + \square$$
$$\square\square - \square = \square$$

★ konkret handelnd Punktebilder im Zwanzigerfeld halbieren
★ bildlich dargestellte hälftige Zerlegung in Aufgaben übertragen
★ Zahlen halbieren

 1

4 Kinder

8 Schuhe

2

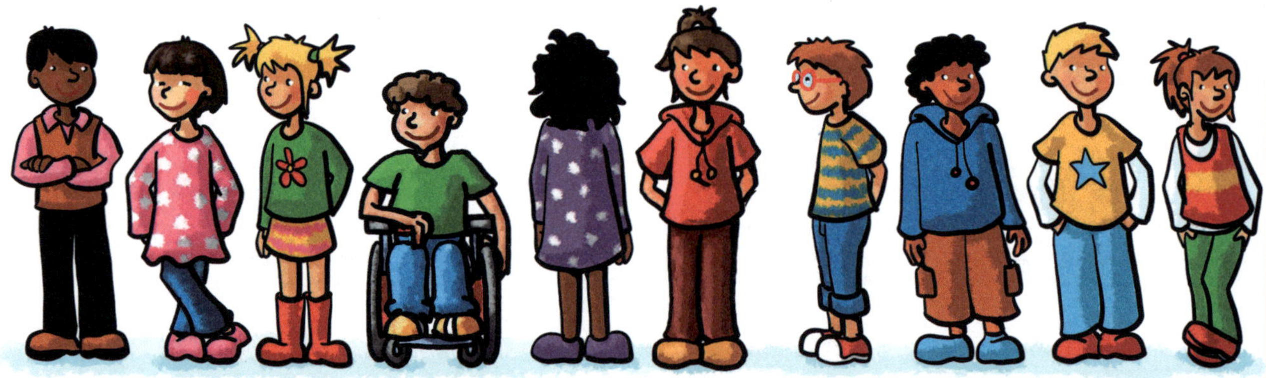

Kinder 👧	1	2	3	4	5	6	7	8	9	10
Schuhe 👟	2									

Schuhe 👟	2	4	6	8	10	12	14	16	18	20
Kinder 👧	1									

★ das Doppelte und die Hälfte anhand konkret und bildlich dargestellter
Alltagssituationen bestimmen ★ Tabellen ergänzen

1

	4
🍃	

🐱	
👁	

🍒🍒	
🍒	

🐦	
🦶	

🪑	
🧍	

🥤	
🥢	

★ in bildlich dargestellter Sachsituation Verdopplungen bzw. Halbierungen finden und notieren

[1]

Das **Doppelte** von 3 ist 6.

[2]

1 + 1 = 2	2 + 2 = 4
3 + 3 = 6	4 + 4 = 8
5 + 5 =	6 + 6 =
7 + 7 =	8 + 8 =
9 + 9 =	1 0 + 1 0 =

 [3]

Die **Hälfte** von 10 ist 5.

[4]

2 0 = 1 0 + 1 0	2 0 − 1 0 = 1 0
1 8 = 9 + 9	1 8 − 9 = 9
1 6 = +	1 6 − =
1 4 = +	1 4 − =
1 2 = +	1 2 − =

123
B

★ Zahlen verdoppeln und halbieren
★ Aufgaben zum Verdoppeln oder Halbieren im Heft lösen,
auf stellengerechte Schreibweise achten

5   6 + 6 = ☐☐   7 + 7 = ☐☐

8 + 8 = ☐☐   4 + 4 = ☐

2 + 2 = ☐   9 + 9 = ☐☐

5 + 5 = ☐☐   10 + 10 = ☐☐

6   18 − 9 = ☐   20 − 10 = ☐☐

6 − 3 = ☐   12 − 6 = ☐

14 − 7 = ☐   16 − 8 = ☐

8 − 4 = ☐   10 − 5 = ☐

7

| 9 + 9 | 8 + 8 | 10 + 10 | 6 + 6 | 7 + 7 |

| 20 | 10 | 18 | 9 | 16 | 8 | 14 | 7 | 12 | 6 |

| 18 − 9 | 20 − 10 | 16 − 8 | 12 − 6 | 14 − 7 |

★ Aufgaben zum Verdoppeln oder Halbieren lösen

1

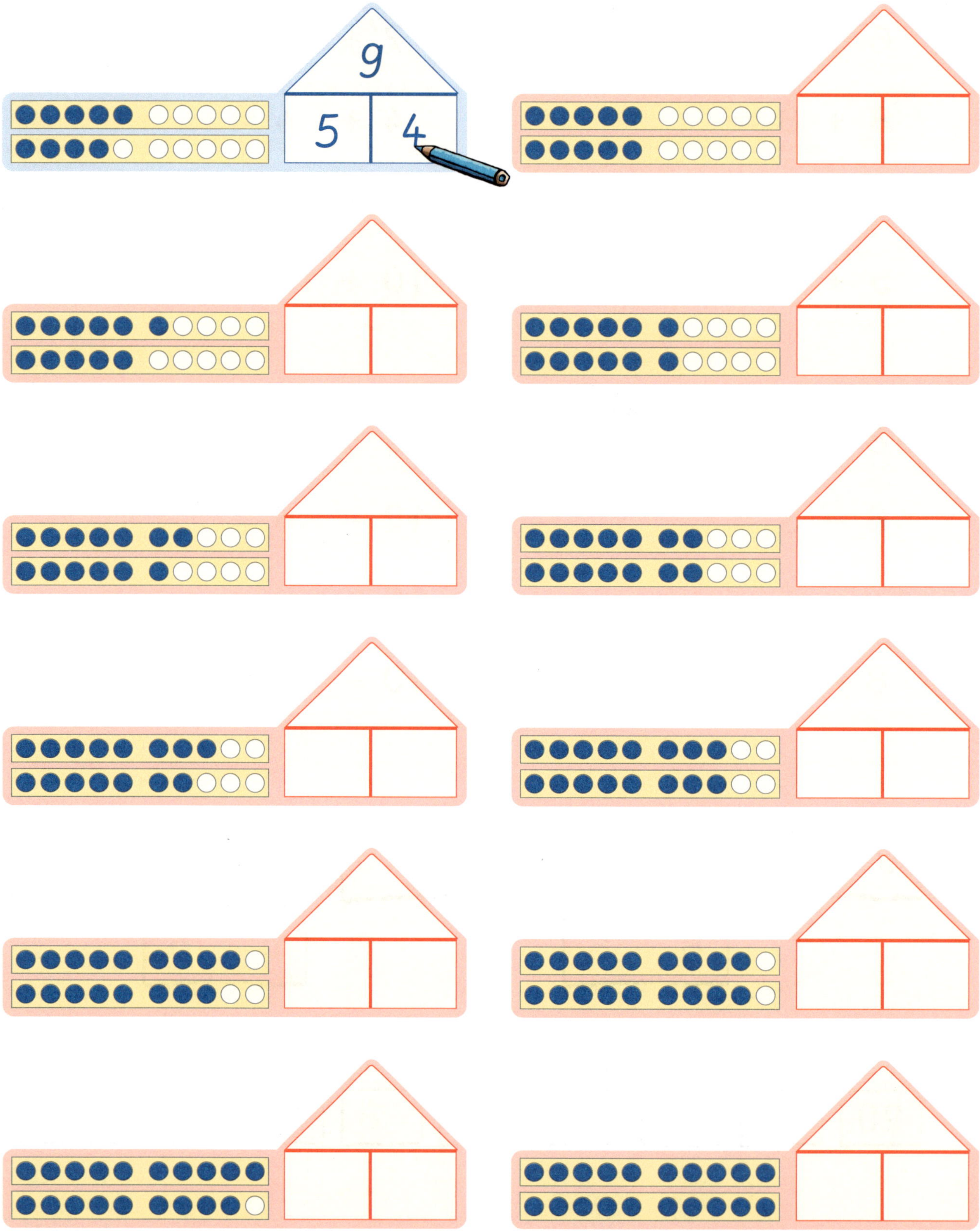

9
5 4

Ungerade Zahlen kann man nicht in 2 gleiche Teile zerlegen.

Gerade Zahlen kann man in 2 gleiche Teile zerlegen.

★ bildlich dargestellte Zerlegungen in Zahlzerlegungen übertragen
★ Eigenschaften gerader und ungerader Zahlen kennenlernen

1

2

1	2	3	4	5	6	7	8	9	10
11	12	13	14	15	16	17	18	19	20

3

2 + 4 = 6

16 + 2 =

6 + 3 =

12 + 5 =

3 + 5 =

11 + 7 =

5 + 4 =

15 + 2 =

★ Zahlen nach den Eigenschaften „gerade" und „ungerade" ordnen
★ **SF:** Begriffe „gerade Zahlen" und „ungerade Zahlen" verwenden ★ Gesetzmäßigkeiten in
Bezug auf die Ergebniszahl bei Addition von geraden Zahlen und ungeraden Zahlen beobachten

D 54  ÜH 46 **63**

1

Name	Milch 🍶	Kakao 🍶	Vanille 🍶
Tim		✕	
Lena	✕		
Max			✕

2

Name	Milch 🍶	Kakao 🍶	Vanille 🍶
Patrick	✕	○	○
Mai-Lin	○	○	○
Janek	○	○	○

★ MK: einer Tabelle Informationen entnehmen
★ MK: vorgegebene Informationen in einer Tabelle notieren

1

 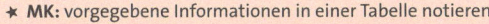	Lena
🍾🥛	
🧹	
🗑️	
🪣	
🧽	

2

		ja	nein
🟩	Anne	○	✗
🍾🥛	Max	○	○
🧹	Janek	○	○
🪣	Lena	○	○
🗑️	Mai-Lin	○	○

 1

2

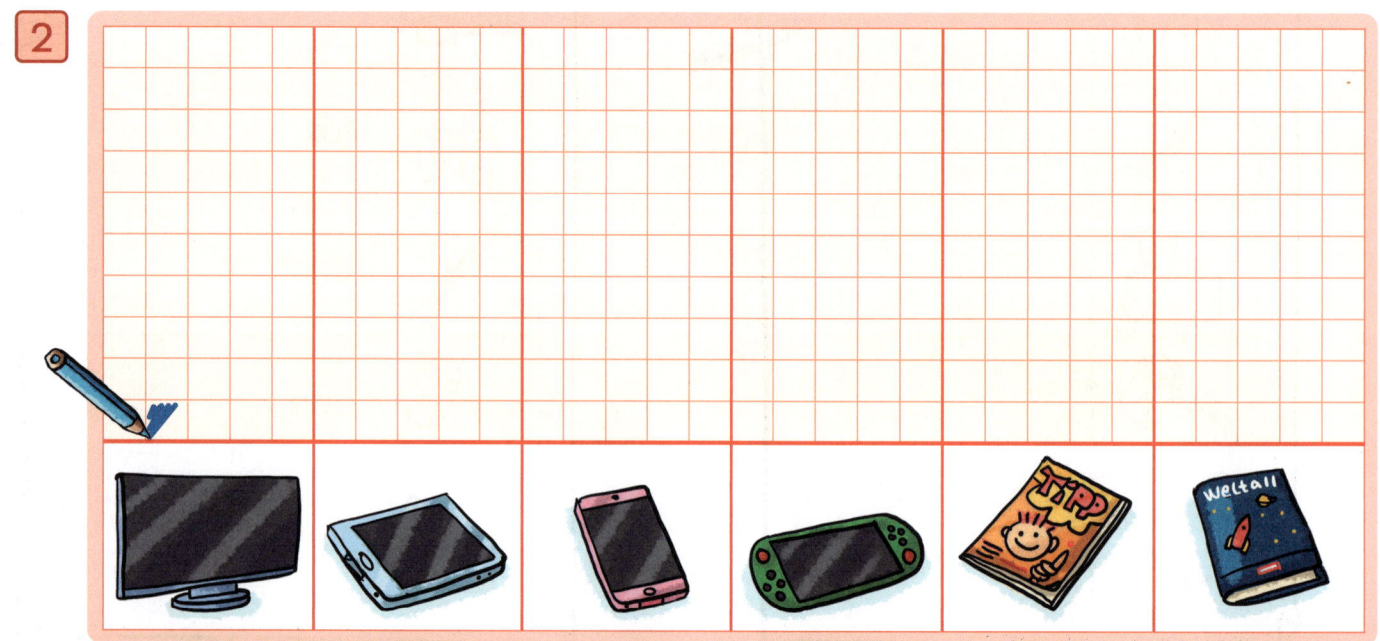

★ **MK:** Befragung zur Mediennutzung durchführen
★ **MK:** Ergebnisse als Strichliste notieren
★ **MK:** Strichliste in Säulendiagramm übertragen

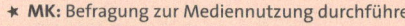

1 Ich würfle 20-mal.

Würfelbild						
Strichliste						
Anzahl						

2 Ich würfle 20-mal.

4 + 1 = 5

	1	2	3	4	5	6	7	8	9	10	11	12
Strichliste												
Anzahl												

★ mindestens 20-mal würfeln und Würfelergebnisse in einer Tabelle notieren
★ mindestens 20-mal würfeln, Augenzahlen addieren und Ergebnisse in einer Tabelle notieren
★ Häufigkeiten von Würfelergebnissen vergleichen, Erklärungen finden

dieselben Kinder –
eine andere Reihenfolge

1

★ handelnd und zeichnend alle Möglichkeiten finden, wie sich drei Kinder nebeneinander aufstellen können
★ systematisches Vorgehen anbahnen

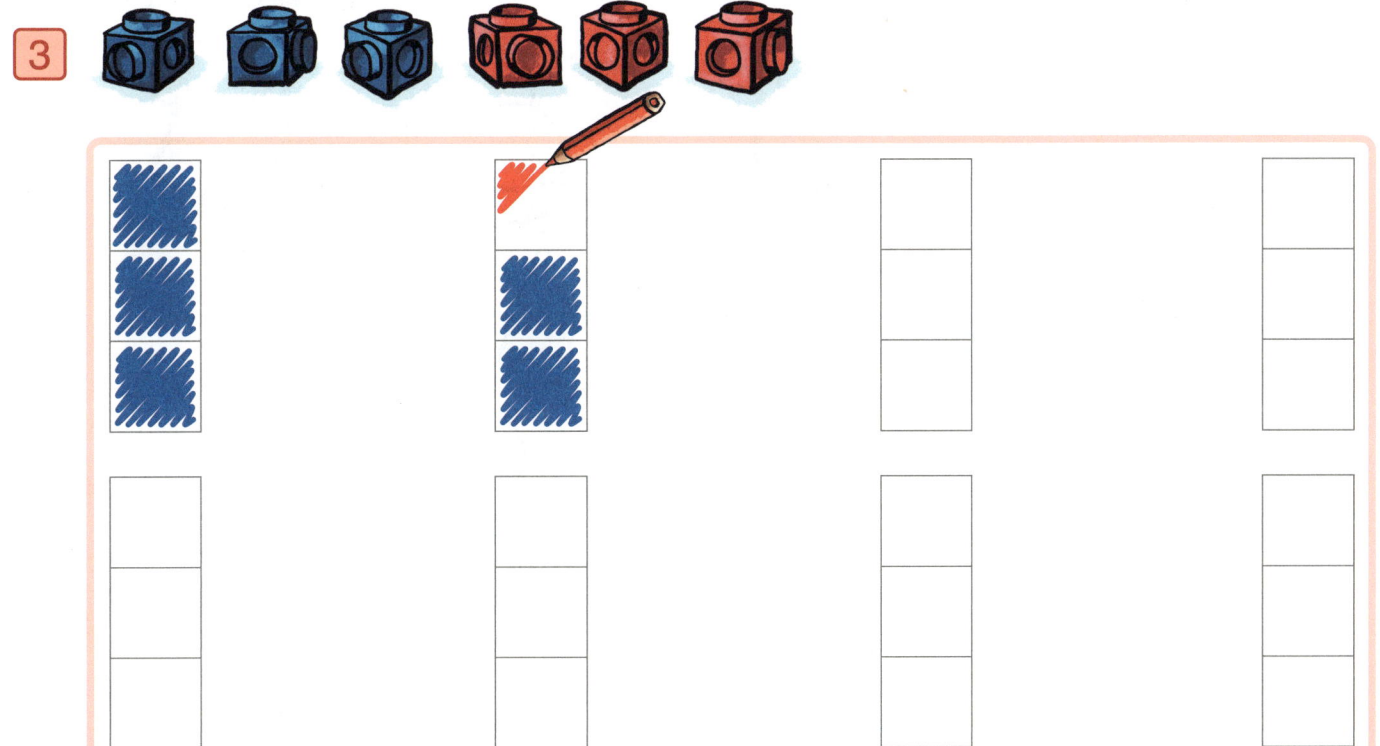

★ handelnd und zeichnend aus roten und blauen Steckwürfeln verschiedene Zweier- und Dreiertürme bauen
★ systematisches Vorgehen anbahnen

D 57   ÜH 48   69

7 Unterschiedliche Eistüten zusammenstellen

Ich mag nur Vanilleeis.
Ich mag lieber Erdbeereis als Vanilleeis.
Ich mag alle Sorten.

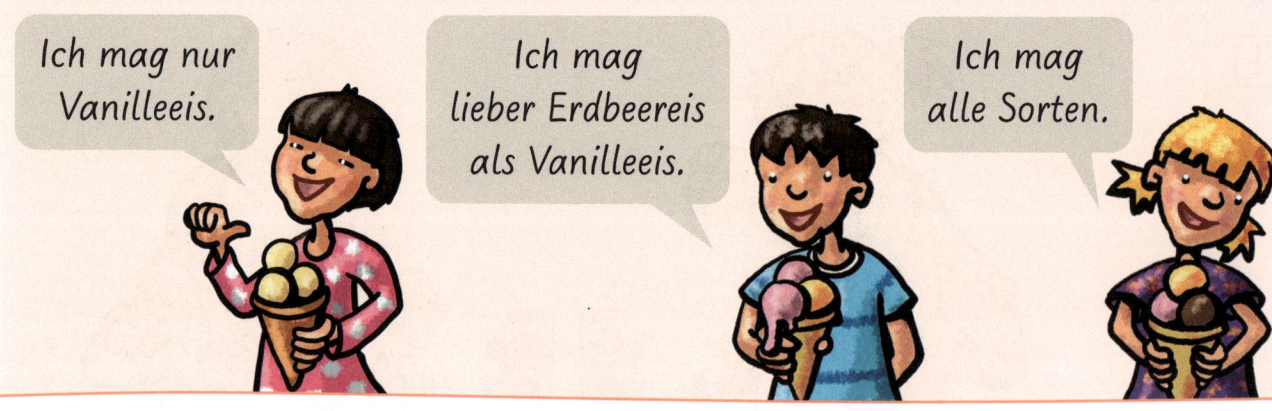

1

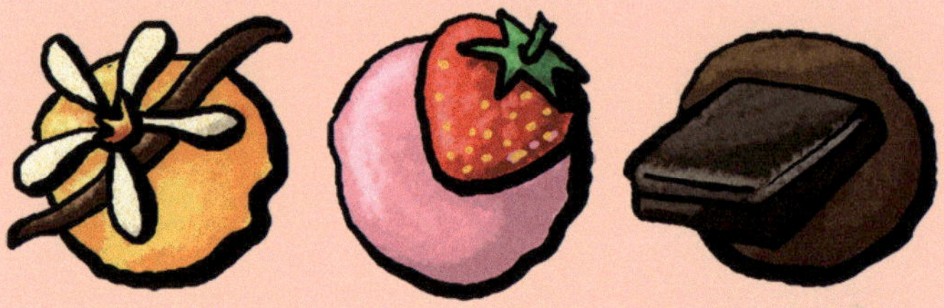
Vanilleeis
Erdbeereis
Schokoeis

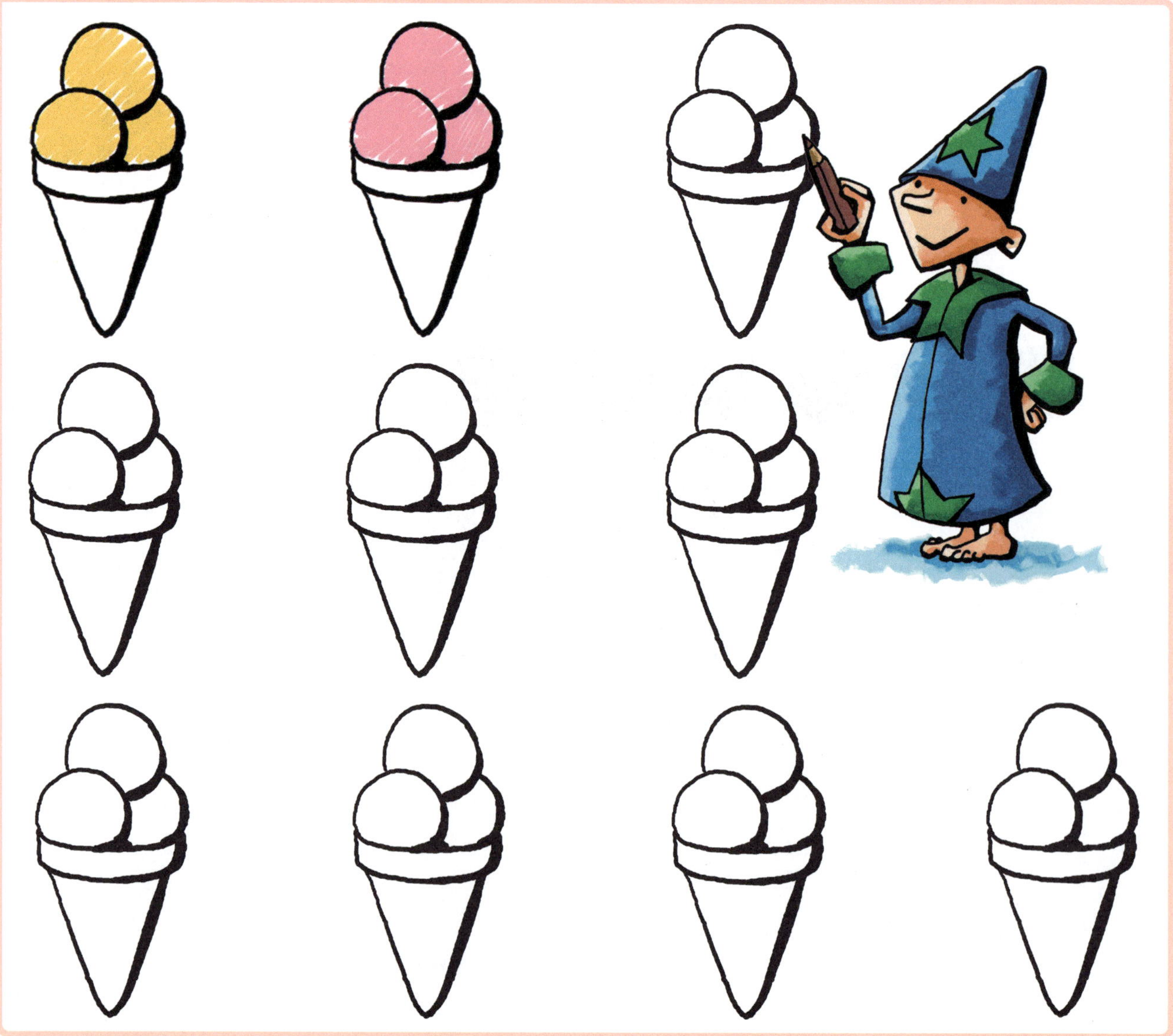

★ zeichnerisch alle möglichen Eistüten zusammenstellen
★ erkennen, dass dabei die Position der Eiskugeln unerheblich ist

Themenheft 3

★ Die Zahlen bis 20 ★ Zeit ★ Verwandte Aufgaben ★ Symmetrie
★ Verdoppeln und halbieren ★ Daten und Kombinatorik

Erarbeitet von:	Roland Bauer und Jutta Maurach
Redaktion:	Sophie Arndt, Friederike Thomas
Illustration:	Yo Rühmer
Umschlaggestaltung:	Cornelia Gründer, agentur corngreen, Leipzig
Layout und technische Umsetzung:	lernsatz.de

Begleitmaterialien für Lernende der ersten Klasse

Einstern 1 Paket Verbrauchsmaterial	978-3-06-084657-3
Einstern 1 *leicht gemacht* Paket Verbrauchsmaterial	978-3-06-084658-0
Übungssternchen	978-3-06-084656-6

 Deine **interaktiven Gratis-Übungen** findest du hier:

1. Gehe auf scook.de.
2. Gib den unten stehenden Zugangscode in die Box ein.
3. Hab viel Spaß mit deinen Gratis-Übungen.

Dein Zugangscode auf
www.scook.de | n88sh-5vfp8

www.cornelsen.de

1. Auflage, 3. Druck 2022

Alle Drucke dieser Auflage sind inhaltlich unverändert
und können im Unterricht nebeneinander verwendet werden.

© 2021 Cornelsen Verlag GmbH, Berlin

Druck: H. Heenemann, Berlin

ISBN 978-3-06-084647-4
ISBN 1100027539 (Themenhefte 1–4 *leicht gemacht* und Diagnose-Sternchen als E-Book)

PEFC zertifiziert
Dieses Produkt stammt aus nachhaltig bewirtschafteten Wäldern und kontrollierten Quellen.

www.pefc.de

PEFC/04-31-1156

Vorschläge für Plenumsphasen zum vertiefenden Erwerb prozessbezogener Kompetenzen

S. 4/5   Kinder beschreiben, vergleichen und bewerten Vorgehensweisen bei der Anzahlbestimmung (→ BigBook: Seite 20)

S. 12   Kinder beschreiben mithilfe der Stellentafel die Zehner-Einer-Struktur von Zahlen; sie erkennen, dass Sprech- und Schreibweise voneinander abweichen sowie Besonderheiten bei 11, 12, 20

S. 14   Kinder erkennen, dass es beim Einsetzen von Zahlen in Ungleichungen mehrere Lösungen gibt, und beschreiben diese, z. B.: „alle Zahlen, die größer / kleiner als … sind" oder „alle Zahlen, die zwischen … und … liegen"

S. 20/22   Kinder beschreiben die Strukturen unterschiedlicher Zahlenfolgen (auf-/absteigend, Schrittfolge)

S. 24/25   Kinder erkennen, dass die gleiche Zeigerstellung in Abhängigkeit von der Tageszeit unterschiedliche Uhrzeiten darstellt (→ BigBook: Seite 22)

S. 32/33   Kinder entdecken und beschreiben Analogien und deren Nutzen beim Rechnen (→ BigBook: Seite 24)

S. 40/41   Kinder beschreiben Strukturen von Aufgabenreihen und entdecken Auswirkungen der Veränderungen

S. 47   Kinder beschreiben die Besonderheiten der abgebildeten symmetrischen Figuren und erkennen, dass es Figuren mit einer Symmetrieachse und solche mit mehreren Symmetrieachsen gibt

S. 49   Kinder beschreiben ihr Vorgehen beim Überprüfen der Figuren auf Achsensymmetrie, z. B. mit dem Spiegel, durch genaues Betrachten oder durch gedankliches Falten (→ BigBook: Seite 26)

S. 52   Kinder beschreiben ihr Vorgehen und erkennen, dass es günstig ist, zunächst die Eckpunkte mit dem gleichen Abstand zur Symmetrieachse zu bestimmen und diese anschließend mit dem Lineal zu verbinden

S. 54/56   Kinder übertragen handelnd durchgeführte und bildlich dargestellte Verdopplungen und Halbierungen in Rechen- aufgaben, dabei erkennen sie auch, dass es Zahlen gibt, die nicht halbiert werden können (→ BigBook: Seite 28)

S. 62   Kinder beschreiben auf der Grundlage von Punktebildern Eigenschaften gerader und ungerader Zahlen

S. 63   Kinder beschreiben die Anordnung von geraden und ungeraden Zahlen in der Zahlenreihe und entdecken, dass die Eigenschaft gerade/ungerade am Einer erkannt werden kann

S. 66   Kinder führen in der Klasse oder in Teilgruppen eine Befragung zur Mediennutzung in der Freizeit durch; sie vergleichen die Notationsformen Strichliste und Säulendiagramm

S. 67   Kinder stellen Vermutungen über die Häufigkeit von Würfelergebnissen an und vergleichen diese mit den Ergebnissen; beim Würfeln mit zwei Würfeln finden sie Begründungen für die Verteilung der Häufigkeiten

S. 69/70   Kinder vergleichen und bewerten Vorgehensweisen beim Auffinden aller Möglichkeiten

Vorschläge für die Förderung von Medienkompetenz

S. 12   Kinder erstellen und präsentieren zu ihrer Lieblingszahl einen Steckbrief mit sämtlichen kennengelernten Zahldarstellungen

S. 30   Kinder erstellen individuell Plakate, auf denen ihr Tagesablauf dargestellt ist und die jeweils passenden Uhr- und Tageszeiten notiert sind, sie stellen ihre Plakate einem anderen Kind vor und vergleichen ihre Plakate

S. 35   Kinder gestalten ein Lege-/Kartenspiel, bei dem verwandte Aufgaben einander zugeordnet werden müssen

S. 65   Kinder erstellen für die eigene Klasse eine Übersichtstabelle über die Ämter

S. 66   Kinder besprechen verschiedene Arten der Freizeitgestaltung mit und ohne digitale Medien sowie Nutzen und Gefahren unterschiedlicher Medien

Synopse zu den Medienkompetenzbereichen

Suchen, Verarbeiten und Aufbewahren	S. 44, 64, 65
Produzieren und Präsentieren	S. 12, 30, 35, 48, 65, 66
Problemlösen und Handeln	S. 40, 41
Analysieren und Reflektieren	S. 66